OLAF SPECHT

DIE WELT VON MORGEN

verstehen „fair" ändern + verantworten
Botschaften von namhaften Experten

Dieses kleine Sachbuch ist ein fachübergreifender Beitrag
zu ernsthafter, geordneter Suche nach Erkenntnis[1]
über globale Zusammenhänge und Aufgaben, zu
gebotenem Einsatz für das Glück unserer Kinder.

BoD

---

[1] Nach §51 UrhRG eine wissenschaftliche Arbeit

Titel: **DIE WELT VON MORGEN**
verstehen „fair" ändern + verantworten
Botschaften von namhaften Experten

Titel- und
Rückseitenfoto. Silke Specht Wüste Namib, Namibia

Autor: Olaf Specht:
Exportlehre in Hamburg, Technischer Volkswirt mit Fachrichtung Maschinenbau und Promotion an der TH Karlsruhe über Privatinvestitionen in Entwicklungsländern. Stipendiat des Evangelischen Studienwerks. Berufsschwerpunkte: Entwicklungs-, Investitionsplanung und Berufsausbildung in Afrika, Latein-Amerika und Asien; Internationales Industriemanagement in Deutschland und Frankreich, Professor für VWL und BWL an der FH Wedel und der University of Fort Hare Südafrika; Mitglied von Amnesty International.

Bibliographische Information der Deutschen Nationalbibliothek: Die Deutsche Nationalbibliothek verzeichnet diese Publikation in der Deutschen Nationalbibliographie; detaillierte bibliographische Daten sind im Internet über www.dnb.de abrufbar.

© 2017 – Olaf Specht – Alle Rechte vorbehalten
Herstellung und Verlag:
BoD – Books on Demand, Norderstedt.
ISBN: 978-3-74316-590-8

DER KAPUTTE PLANET

„Im Moment machen wir unseren Planeten kaputt. Die Richtung ist falsch. Die Emissionen steigen.

Die physikalische Wahrheit können wir nicht verändern, also müssen wir die politische Wirklichkeit verändern.

Die Bewegung, die für das Klima kämpft, muss unsere Führer dahin schieben, wohin diese zu gehen haben."

Naomi Klein, Autorin von
Die Entscheidung –
Kapitalismus vs. Klima
im Spiegel-Interview
Nr.9/21.2. 2015 S.65 ff.

INHALT

Vorwort 10
TEIL I Globale Veränderungen, Risiken für unsere Kinder 11

1. **Ethik für das technische Zeitalter** (Hans Jonas, WWF) 11
2. **Akute Bedrohungen** (J. Diamond) 13

3. **Kräfte globaler Veränderung** (L. C. Smith, WBGU) 15
3.1 Bevölkerungswachstum, rapide in Regionen der Armut 15
3.2 Ressourcen, ungenügend für globalen Wohlstand (WWF) 17
3.3 Globalisierung, Menschen und Umwelt verachtende Hauptursache der Migration (St. Hessel, E. Morin) 18
3.4 Klimawandel, umfassende Gefährdung (B. Fritsch) 22

4. **Klimawandel vom Menschen beschleunigt** (nach WBGU, L.C. Smith, IPCC, Stiftung Entwicklung und Frieden, G. Blume; C. Hein) 26
4.1 Haupterkenntnisse und Ziele, ein Resümee 26
4.2 Globale Verantwortung von Regierungen und Bürgern 29
4.3 Tatsachen und frühe Warnungen des Weltklimarates 30
4.4 Zukünftige Wirkungen des globalen Klimawandels 33
4.5 Kipp-Punkte im Erdsystem mit irreversiblen Folgen 39
4.6 Hauptverursacher weiter steigender CO_2-Emissionen 41

5. **Weltwirtschaft: Wettkampf um Wohlstand riskiert den Kollaps ohne Rücksicht auf Umwelt und Armut** 45
5.1 Globale Trends und Veränderungen erfordern Umdenken 45
5.2 Wirklichkeit widerlegt populäre ökonomische Theorien 50
5.3 Die glänzende und die dunkle Seite unseres Außenhandels 58
5.4 Institutionen und Maßnahmen der Weltwirtschaft 61
    5.4.1 Die Bretton Woods Institute IMF und IBRD 61
    5.4.2 Wirkungen internationaler Privatinvestitionen 64
    5.4.3 Wirkungen von Fiskal- und Geldpolitik 67
    5.4.4 Defekte der Eurozone verschärfen Divergenzen 68
    5.4.5 Droht der EU der Kollaps? 72
5.5 Weltwährungsordnung und Globalisierung im Reformstau 73
    5.5.1 Machtwechsel in Amerika und der Weltwirtschaft? 73
    5.5.2 Globalisierungsdefekte (nach Geisler, Piketty, Stiglitz) 77

TEIL II Globale Solidarität, Chancen für unsere Kinder   81

6. Chancen und Prioritäten der deutschen Energiewende   81
6.1 LichtBlick SE Studie 2050, Die Zukunft der Energie   81
6.2 Der Energ*ethische* Imperativ (nach H. Scheer 2010)   89
6.3 Erfolgsaussichten   93

7. Imperative des globalen Klimaschutzes,
Chancen später Katastrophen-Verhütung (WBGU)   100
7.1 Notwendigkeit globaler Begrenzung der CO_2-Emissionen   100
7.2 Warum eine globale Energiewende erforderlich ist   101
7.3 Leitplanken nachhaltiger Energiepolitik   105
7.4 Ethische Grundlagen globaler Klimapolitik   107

8. Zukunft der EU: Solidarität statt Spaltung
Aspekte einer politischen Systemanalyse   111
8.1 Stärken der EU: Freiheit, Frieden und Wohlstand für viele   112
8.2 Schwächen der EU: Spaltung in Gewinner und Verlierer   113
8.3 Chancen: Der Weg aus der Krise - Wachstum und Beschäftigung (S. Gabriel, F.-W. Steinmeier und P. Steinbrück)   118
8.4 Planungsprozess für demokratische Strategieentwicklung   123
8.5 TTIP mehr Risiken als Chancen? (Stegner)   125
8.6 Herausforderungen für Europa (Piketty, Steinmeier)   127

9. Elemente verantwortbarer Weltwirtschaftsordnung   139
9.1 Statt Weltkrieg um Wohlstand (nach G. Steingart)
Öko-Soziale Weltwirtschaft (ähnlich R. de Weck)   141
9.2 Wirtschaftsethik, Konkurrenz mit Anstand (K.Homann)   145
9.3 Herausforderungen der Globalisierung bewältigen (Stiglitz) 151
9.4 UN-Global Compact, Netzwerk nachhaltiger Wirtschaft   156

10. Was müssen wir wollen, Weltbürger und Regierungen? 158
10.1 Ausbeutung ächten, Fairen Handel statt Völkerwanderung   160
10.2 UN-Ziele für Nachhaltige Entwicklung unterstützen   168
10.3 Wir Bürger müssen CO_2-Emissionen senken (MacKay)   168
10.4 Regierungen haben in Paris Klimaschutzplanung zugesagt 171
10.5 EU-Politik muss der Jugend u. dem € Perspektiven öffnen 174
Literaturverzeichnis und Dank   188

Fazit No.	Fazitverzeichnis - Aide Memoire	Seite
1	„Weiter so" gefährdet alles, was uns lieb und wichtig ist	12
2	Die Menschheit muss jetzt umsteuern (Jared Diamond, 2006)	13
3	Weltweiter Wohlstand auf Westniveau ist unmöglich (WWF)	18
4	Die Globalisierung ignoriert wachsende Zahl von Verlierern	21
5	Sechzig Persönlichkeiten empfehlen andere Russlandpolitik	22
6	Klimawandel verursacht Mega-Migration durch Vernichtung der Lebensgrundlagen von Millionen (Fritsch, 1994)	24
7	Kernbotschaften zur Dynamik des Klimawandels (Wiss. Beirat Globale Umweltveränderungen - WBGU)	28
8	Weltweite Bürgerbewegung muss Politik verändern (WBGU)	29
9	Vier Veränderungen werden mit Gewissheit eintreten	33
10	Die Weltgemeinschaft muss sich auf etwa 200 Mio. Klimamigranten vorbereiten (WBGU)	39
11	Wer den Klimawandel kleinredet, trägt zur Verschleppung der Vorsorge gegen irreversible Katastrophen bei (WBGU)	41
12	Vier Faktoren bestimmen das Ausmaß der Emissionen	42
13	Für notwendige globale Energiewende ist Solidarität unverzichtbar	43
14	Die EU spart ihren Süden und ihre Zukunft kaputt (Stiglitz)	63
15	Globalisierung untergräbt Anstand und soziale Verantwortung	80
16	Prioritäten für den Erfolg der machbaren deutschen Energiewende ergeben sich aus folgenden Empfehlungen der Studie von LichtBlick SE und Olav Hohmeyer von 2010	88
17	Zehn Gründe für die CO_2-Budgetierung fordern uns heraus	110
18	TTIP müsste Globalisierung fairer machen, würde es aber nicht	126

19 Noch kann eine Reform der kapitalistischen Globalisierung zu einer Öko-Sozialen Weltwirtschaft globale Katastrophen neuer Dimension abwenden ... 144
20 Stiglitz fordert folgende Maßnahmen zu umfassender Globalisierungsreform ... 154
21 Der Rechtsrahmen der UN für international agierende Unternehmen zum Schutz von Menschen und Umwelt (gemäß www. global.compact.de) muss mit Sanktionsmöglichkeit und Berichtspflicht verbindlich werden ... 160
22 Fairer Handel mit Anstand statt Völkerwanderung, in Südeuropa und Afrika humane Arbeit für junge Menschen schaffen, sonst kommen die Arbeitslosen zu uns ... 163
23 Deutschland muss voraussichtlich ab 2024 CO_2-Emissionsrechte von der 3.Welt kaufen ... 173
24 Schlüsselprojekte für Vollbeschäftigung der Eurozone ... 178
25. Spannungen mit Russland auf Basis kompatibler Interessen abbauen ... 182
26 Die Stabilität des Euro erfordert einen neuen Vertrag mit Wachstumsstrategie, solidarischer Finanzierung und demokratischer Kontrolle ... 185
27 Die Vereinten Nationen haben 2015 das notwendige Zielsystem für eine bessere Zukunft, die Sustainable Development Goals (SDG) beschlossen und im Internet sehr konkret verkündet ... 187

Vorwort

An wen richtet sich dieses Buch?
Es wendet sich an diejenigen, die zwar gewisse Vorstellungen haben, was sie für die eigene und die Zukunft ihrer Kinder bewahren und was sie ändern möchten, aber noch Zweifel haben, welches die wichtigsten Veränderungen sein werden und ob sie diese beeinflussen können und sollen.
Dieses Buch präsentiert Botschaften namhafter Experten mit Fakten, Trends und Zusammenhängen verständlich geordnet, um Leserinnen und Lesern, in den vor uns liegenden schwierigen Zeiten, ein persönliches Urteil zu ermöglichen, was jetzt zu tun ist, und wo sie mit Erfolg an Lösungen mitwirken können.
Die Klimaforschung hat inzwischen bewiesen, dass wir den Ausstoß an Kohlendioxid jetzt beginnend drastisch reduzieren müssen, um zu vermeiden, dass die Lebensgrundlagen von hunderten Millionen Menschen durch extreme Dürren und Überflutungen vernichtet werden, mit daraus entstehenden globalen Konflikten und einer weltweiten neuen „Völkerwanderung". Deshalb ist dieses Buch dem Klimaschutz und dem notwendigen Wandel der Weltwirtschaftsordnung gewidmet. Es liefert kurz und allgemein verständlich die Argumente für alle Bürger, die von der Politik jetzt weltweit verbindliche Verträge über die konsequente Begrenzung des Kohlendioxid-Ausstoßes und einen fairen Welthandel fordern.
Eine Fülle entsprechender Fakten bietet.:
www.WWF/Living Planet Report 2016/Kurzbericht.
Für Ungeduldige hier eine kurze Prognose für Europa von dem Bankier Baron de Rothschild in einem Zeit-Interview vom 15.Juli 2010:
„Der Schuldenberg, der in manchen Ländern aufgetürmt ist, wird das künftige Wachstum massiv beeinträchtigen. Wir werden durch eine extrem schwierige Periode gehen. Die Politiker sollen aufhören zu taktieren und ihren Wählern reinen Wein einschenken. Ja, die Reichen werden mehr Steuern zahlen müssen, und die Arbeiter werden länger arbeiten müssen. Und keine Frage, der Wohlstand wird sinken." Ich ergänze die Geleitworte zweier großer Sozialdemokraten, die ich für „bergige" Lebensabschnitte beherzigt habe. Walter Rathenau: „Unternehmer müssen sich auf das Schlimmste gefasst machen und dann mit Optimismus darangehen, es abzuwenden." Und Altbundeskanzler Helmut Schmidt hat hinzugefügt: „Schwierige Zeiten sind Zeiten für gute Leute."   Olaf Specht, Januar 2017

TEIL I Globale Veränderungen, Risiken für unsere Kinder

1. Ethik für das technische Zeitalter[2]

Schon vor dreißig Jahren warnte der Philosoph Hans Jonas: „Der Staatsmann hat für die Dauer seines Amtes oder seiner Macht die Verantwortung für das Lebensganze des Gemeinwesens, das sogenannte Gemeinwohl .... Der Umfang rückt sie in die Analogie der elterlichen Verantwortung, sie reicht von der physischen Existenz zu den höchsten Interessen, von Sicherheit zu Fülle des Daseins, von Wohlverhalten zu Glück." (S. 190) - „Die Katastrophengefahr des Baconischen Ideals, der Herrschaft über die Natur durch die wissenschaftliche Technik, liegt in der Größe seines Erfolgs .... Wahr ist, dass wir in einer apokalyptischen Situation leben, das heißt, dass eine Katastrophe bevorsteht, wenn wir den jetzigen Dingen ihren Lauf lassen."

„Heute beginnt erschreckend klar zu werden, dass der biologische Erfolg nicht nur den ökonomischen in Frage stellt, also vom kurzen Feste des Reichtums wieder zum chronischen Alltag der Armut zurückführt, sondern auch zu einer akuten Menschheits- und Naturkatastrophe ungeheuren Ausmaßes zu führen droht. Die Bevölkerungsexplosion, als planetarisches Stoffwechselproblem gesehen, nimmt dem Wohlfahrtsstreben das Heft aus der Hand und wird eine verarmende Menschheit um des nackten Überlebens willen zu dem zwingen, was sie um des Glückes Willen tun oder lassen konnte, zur immer rücksichtsloseren Plünderung des Planeten, bis dieser sein Machtwort spricht und sich der Überforderung versagt.

Welches Massensterben und Massenmorden eine solche Situation des „rette sich wer kann" begleiten werden, spottet jeder Beschreibung.

Wie danach ein Menschheitsrest auf verödeter Erde neu beginnen mag, entzieht sich aller Spekulation."

---

[2] Hans Jonas, Das Prinzip Verantwortung, Frankfurt 1984, S. 251 f

Der frühere Bundespräsident Horst Köhler, der vorher Direktor des Weltwährungsfonds war, würdigte Papst Franziskus in einer Laudatio am 17.11.2016 mit den Worten: „…Franziskus erinnert uns daran, dass die seit Ende des Zweiten Weltkriegs größte Fluchtbewegung keine göttliche Plage ist. Sie ist das Ergebnis menschengemachter Kriege, menschengemachter Armut und des menschengemachten Klimawandels. Und damit liegen auch die Lösungen nicht in Gottes, sondern in der Menschen Hand. Lassen wir uns deshalb von diesem Papst provozieren. Lassen wir uns provozieren, die Flüchtlinge auch als Boten eines neuen Zeitalters der gegenseitigen Abhängigkeit zu sehen. Ob es uns passt oder nicht: Die Menschheit sitzt in einem Boot. Wir werden unseren Wohlstand und unsere Sicherheit auf Dauer nur dann bewahren können, wenn alle Menschen auf dieser Erde in Würde leben können, und das innerhalb der ökologischen Grenzen des Planeten."[3]

Fazit 1: „Weiter so" gefährdet alles, was uns lieb und wichtig ist

- Ökonomen und Politiker, die durch Wachstum und freies Spiel der Märkte die Lösung der globalen Zukunftsaufgaben erreichen wollen, irren sich und verfehlen ihren Auftrag, Unheil von den ihnen anvertrauten Menschen abzuwenden.
- Die Theorien und Politiken des Neoliberalismus (von Milton Friedman über Hayek zu Reagan, Thatcher und neoliberalen Parteien) werden mit ihrer maximalen Privatisierung öffentlicher Aufgaben (dem Washington Konsensus) mangels ethischer Bändigung des Kapitals der Größe der Bedrohungen unserer Welt nicht gerecht.
- Es wird erfolgsbestimmend, ob Bürgersorgen und Bürgerkompetenz nicht länger diskreditiert, sondern ernst genommen und frühzeitig in Regierungsarbeit einbezogen werden. Dieses Buch liefert dazu Wissen, Fakten und Anregungen namhafter Experten.

---

[3] Die Welt Nr. 271 vom 18.11.2016, S.2

2. Akute Bedrohungen

Wir müssen folgende Hauptbedrohungen unserer Umwelt und Gesellschaft ernst nehmen: Der amerikanische Anthropologe und Evolutionsbiologe Prof. Jared Diamond warnt schon 2005 in „Kollaps"[4]: Kinder und junge Erwachsene sind heute 12 Hauptbedrohungen ausgesetzt:
Umweltproblemen
1. Landverlust
2. Fischsterben, Waldsterben
3. Artensterben
4. Bodenerosion
Erschöpfung von
5. Primärenergie (Öl, Gas, Uran)
6. Süßwasser
7. Flächen für Photosynthese
Gesundheitsgefährdung durch
8. Industriegifte
9. Artenwanderung
10. Treibhausgase
11. Bevölkerungswachstum
12. Müllberge

Alle 12 Bedrohungen sind interdependent. Jede einzelne ist eine komplexe Zeitbombe mit Zündereinstellung kleiner 50 Jahre." Das begründet unsere Verantwortung.

Fazit 2: Die Menschheit muss jetzt umsteuern
- Um zu überleben, müssen wir alle 12 von Diamond genannten Probleme jetzt gleichzeitig lösen.
- Dies ist die Messlatte für die ethische Fundierung der Gesamtaufgaben von Politik, Wirtschaft und Technik.
- Wir brauchen eine konkrete Strategie für Nachhaltigkeit, Bewahrung der Schöpfung und unserer Zivilisation mit Machbarkeits-

---

[4] Jared Diamond, Kollaps, Warum Gesellschaften untergehen, Frankfurt/M 2010 Kapitel 16, S. 599 - 648

nachweis und kontrollierbaren Meilensteinen für unser Land, Europa und die Vereinten Nationen.
- Deshalb muss Politik zum Machterhalt nach Meinungsumfragen ersetzt werden durch Politik mit Sachkompetenz nach Faktenlage.
- Die Mitwirkung an der Lösung dieser 12 Probleme ist und bleibt gute Orientierung für ein engagiertes Leben und sinnvolle Berufe.

Dafür gelten folgende Maßstäbe[5]**:**
Der „ökologische **Fußabdruck**" ist die Summe der für menschliches Wirtschaften weltweit genutzten Fläche, gemessen in globalen Hektar (gha), mit durchschnittlicher Produktivität. Kurz: die Nachfrage.
Die **Biokapazität** ist die Fähigkeit der Natur zur Herstellung von Ressourcen (bestehend aus Fischgründen, Ackerland, bebautem Land, Wäldern, Weideland und Kohlenstoff) auch gemessen in globalen Hektar mit weltweit durchschnittlicher Produktivität. Kurz: das Angebot der Natur. Ein Vergleich von Nachfrage und Angebot zeigt, dass die jährliche Nachfrage schon heute das jährlich regenerierbare Angebot um knapp 60% übersteigt. Die Menschheit hat vor etwa zehn Jahren begonnen, ihre Lebensgrundlagen aufzuzehren.

Die globale Überforderung   von 1961 bis   2010
(1) Weltbevölkerung stieg (lt.WWF)   von 3,1   auf   7 Mrd. Pers.
(2) Globale Biokapazität stieg   von 9,9 auf   12 Mrd. gha
(3) = (2) dividiert durch (1)
(3) verfügbare Biokapaz. pro Pers. sank von 3,2   auf   1,7 gha/Kopf
(4) ökolog. Fußabdruck pro Pers. stieg von   2,5 auf   2,7 gha/Kopf
D.h. seit 2010 übersteigt die Nachfrage von 2,7 das Angebot von 1,7. gha/Kopf um knapp 60%. Dazu tragen Katar 4,8; Deutschland 4,56; die USA 3,9, gha/Kopf bei. Deutschland verfügt über eine Biokapazität von 1,9 gha/Kopf. Für fast 60% seines Fußabdrucks nutzt Deutschland Ressourcen des Auslands, besonders in Lateinamerika.

---

[5] WWF/Living Planet Report 2014   Kurzbericht S. 10 ff. mit wichtigen Einzelheiten zur Vertiefung

3. Kräfte globaler Veränderung

Der amerikanische Geograph und Klimaexperte Prof. Laurence C. Smith prognostizierte schon 2010 das zukünftige Zusammenwirken der vier treibenden Kräfte globaler Veränderung: Bevölkerungswachstum, Ressourcenverbrauch, Globalisierung und Klimawandel.[6] Die von ihm präsentierten Prognosen beruhen auf Modellrechnungen unter der Bedingung, dass keine Flaschenteufel aus der Flasche entwischen. D.h. dass kein Weltkrieg, keine großen Epidemien oder Revolutionen ausbrechen, obwohl die akute Häufung von Krisen sich als Vorstufe solcher Katastrophen erweisen kann. Wichtige technische Fortschritte diskutiert Smith als mögliche Verzögerung oder Beschleunigung der prognostizierten Entwicklungen und nicht als zusätzliche Kräfte. Seine wesentlichsten Erkenntnisse und Vorhersagen müssen wir ernst nehmen und fasse ich wie folgt zusammen:

3.1 Bevölkerungswachstum, rapide in Regionen der Armut

Es ist bekannt, dass wir auf der Erde nach rd. 7 Mrd. Menschen in 2012 mit rd. 10 Mrd. Menschen im Jahr 2050 rechnen müssen. Es besteht die Hoffnung, dass das Wachstum bei 10 bis 12 Mrd. zum Stillstand kommt, weil mit wachsendem Wohlstand weniger Kinder geboren werden. Nur leider müssen wir erkennen, dass der allgemeine Wohlstand heutiger Art, wie wir gleich sehen werden, nicht global erreichbar sein wird. Wenig bekannt sind der dramatische Wandel der Struktur des Bevölkerungswachstums und die heftigen Konflikte, die aus der herrschenden und wachsenden Ungleichheit zwischen Armut und Reichtum entstehen. Zur Zunahme der Weltbevölkerung erläutert Laurence C. Smith folgende Probleme (vgl. op.cit. S.25 ff.):

(1) Dank medizinischer Fortschritte habe das Bevölkerungswachstum lange zugenommen - Von der 1. bis zur 2. Mrd. vergingen von 1800 bis 1939 rd. 140 Jahre – Von der 5. bis zur 6.Mrd. dauerte es

---

[6] Nach Laurence C. Smith, Die Welt im Jahr 2050, Die Zukunft unserer Zivilisation, München 2010, S. 25-49

nur von 1987 bis 1999 rd. 12 Jahre. – Bis 2050 erwarten Experten einen Sprung auf rd.10 Mrd. Menschen, d.h. dass die Erdbevölkerung weiter alle 12 Jahre um eine Mrd. Menschen wachsen wird.
(2) Während die Bevölkerungszahlen in den entwickelten Industrieländern nahezu konstant bleiben, wachse die Bevölkerung vor allem in Entwicklungsländern und zwar am stärksten in Afrika und Asien.
(3) Dort, in Afrika und Asien, werde das Bevölkerungswachstum, wie bisher in USA und Europa, mit Landflucht in sehr große Städte verbunden sein. Mit der notwendigen Armutsbekämpfung und Streben nach menschenwürdigem Leben werden Versorgungsansprüche und -probleme extrem zunehmen und werden gleichzeitig die Fähigkeiten der Bevölkerung zur Selbstversorgung zerstört. Damit wird die zweite Kraft der globalen Veränderung erkennbar: der dramatisch gestiegene und weiter steigende Ressourcenverbrauch. (vgl. Smith S. 25 ff)

Kontinent der Giganten[7] (Einwohner in Millionen)

Rang	Mega-Metropole	Land	Bevölkerung
1.	Perlfluss City	China	60,0
2.	Tokio	Japan	38,7
3.	Delhi	Indien	32,9
4.	Shanghai	China	28,4
5.	Mumbai	Indien	26,6
6.	Mexico City	Mexico	24,6
7.	New York/Newark	USA	23,6
8.	Sao Paulo	Brasilien	23,3
9.	Dhaka	Bangladesch	22,9
10.	Peking	China	22,6

Fast alle sehr großen Städte müssen schon heute gegen Leben verkürzende Luftverschmutzung kämpfen. Dazu siehe WHO-Nachricht, Fazit 13, S.43 f. Sieben der zehn größten Städte der Welt werden 2025 in Asien liegen.

---

[7] Die Wirtschaftswoche, Nr. 23 vom 2.6.2014, präsentiert auf S.64 die obigen Prognosen für Megastädte, Quelle UN, WiWo-Berechnung

3.2 Ressourcen, ungenügend für globalen materiellen Wohlstand

Folgende Ergebnisse des Kurzberichts des Living Planet Reports 2016[8] des WWF sind alarmierend: „Von 1970 – 2012 zeigt der globale living planet index (LPI) einen Gesamtrückgang der Bestände an Wirbeltierarten um 58%. (S.8) Die Menschheit verbraucht 60 Prozent mehr, als die Erde bereithält. Setzt sich dieser Verbrauch ungebremst fort, sind 2030 zwei Planeten nötig, um den Bedarf an Nahrung, Wasser und Energie zu decken. Unser stetig wachsender Hunger nach Ressourcen frisst die Zukunft der nächsten Generation auf. Doch die Auswirkungen des Raubbaus zeigen sich heute schon immer dramatischer mit Dürren und Extremwettern, Hungersnöten und Artensterben. Vier der neun ökologischen Belastungsgrenzen (Grenzen sicheren Handlungsspielraums), in deren Rahmen Lebensräume stabil bleiben, sind schon jetzt überschritten: beim Klimawandel, der Biodiversität, der Landnutzung sowie den biogeochemischen Kreisläufen von Stickstoff und Phosphor. Unser Planet steht vor dem Burn-out. (WWF op.cit. S. 22).

Die konventionelle Nahrungsmittelproduktion gehört zu den Hauptverursachern des Verlusts biologischer Vielfalt. Sie zerstört wertvolle Lebensräume, übernutzt Fischbestände, sie hinterlässt Schadstoffe und trägt zum Bodenverlust bei. Diese Form der Nahrungsmittelproduktion ist außerdem Ursache für die Überschreitung planetarer Grenzen bei Stickstoff und Phosphor. Sie beeinflusst stark den Klima- und Landnutzungswandel, den Wasserverbrauch und die Biosphäre. Der Übergang zu einer nachhaltigen Nahrungsmittelproduktion, die vielfältige und gesunde Lebensmittel für alle herstellt, ohne die planetaren Grenzen zu überschreiten, ist eine gewaltige Herausforderung." (WWF op.cit. S. 39).

Heute haben die Bürger der Industrieländer, z.B. der USA, den 32 fachen Ressourcenverbrauch eines Durchschnittskenianers. (L. C. Smith, op.cit. S. 35). Es gibt Warnungen, dass wir 2050 drei Globen

---

[8] www. living planet report 2016, S.39 (Hervorhebungen durch den Verfasser)

brauchen, um die Menschheit zu ernähren, wenn der Ressourcenbedarf wie bisher unverändert steigt (Ranga Yogeshwar, Show der Naturwunder ARD 30.4.15).

Der Versuch, den Menschen in Asien und Afrika den heutigen Lebensstandard von US-Amerikanern und Europäern zu bringen, würde den Globus ruinieren.

Zu einem menschenwürdigen Leben benötigt nicht jeder Mensch ein Auto und einen Kühlschrank. Aber zum menschenwürdigen Leben gehören sichere Wohnung, ausreichende Ernährung, gute Bildung und Zugang zum kulturellen Leben. Wer diese Mindestziele akzeptiert, muss zugeben, dass es ein nicht geringes Gerechtigkeitsdefizit auf der Welt gibt. Das nicht zu ändern erhöht Kriegsgefahren.

Fazit 3: Weltweiter Wohlstand auf Westniveau ist unmöglich
- Um der von 7 auf 10 Mrd. Menschen anwachsenden Weltbevölkerung einen Lebensstandard auf dem Niveau der westlichen Industrieländer zu ermöglichen, wären die Ressourcen von drei Globen notwendig. Wir haben aber nur einen.
- Die Weltgemeinschaft steht deshalb vor der Notwendigkeit solidarischer Kompromisse mit Abschied von kapitalistischen, dominant materiellen Wachstumszielen.
- Die reichen Länder werden materielle Wohlstandseinbußen hinnehmen müssen.
- Glücklich wird, wer bereit ist, viel zu arbeiten und bescheiden zu leben mit Verantwortungsbewusstsein für die Kinder kommender Generationen überall auf der Welt.

3.3 Globalisierung, Wettkampf um Reichtum und Macht, Menschen und Umwelt verachtende Hauptursache der Migration

Der französische Koautor der Allgemeinen Erklärung der Menschenrechte der UNO Stéphane Hessel und der französische Philosoph Edgar Morin haben 2012 in „Wege der Hoffnung"[9] die positiven und

---

[9] Stéphane Hessel; Edgar Morin, Wege der Hoffnung, Berlin 2012, S.10-13

negativen Merkmale der aktuellen Weltwirtschaftsordnung auf den Punkt gebracht und richtungsweisend notwendige Veränderungen gefordert. Sie schreiben: Das Laisser-faire des Wirtschaftsliberalismus habe uns eher ärmer als reicher gemacht und sei mit seinen Erscheinungsformen Globalisierung, Entwicklungspolitik und Verwestlichung nicht in der Lage, die existentiellen Probleme der Menschheit zu lösen.(S.10) … Die Globalisierung sei das Beste und zugleich das Schlechteste, was der Menschheit widerfahren konnte. Das Beste, weil die Menschheit zum ersten Mal in wechselseitiger Abhängigkeit verbunden sei. Das Schlechteste, weil sie ein Marsch von Katastrophe zu Katastrophe sei. Wörtlich schreiben sie: „Wissenschaft und Technik entfalten ungehemmt manipulierende und zerstörerische Kräfte. Die Profitwirtschaft kennt keine Grenzen mehr. Die Folgen: Massenvernichtungswaffen noch und noch, Zerstörung der Biosphäre. Kaum waren die Totalitarismen des 20.Jahrhunderts überwunden, gerieten Staaten und Völker unter die Tyrannei eines schranken- und hemmungslos spekulierenden Finanzkapitalismus; Fremdenfeindlichkeit, ethnische und territoriale Ab- und Ausgrenzung ziehen neue, tiefe Gräben. Finanzspekulanten und blindwütige Fundamentalisten richten verheerende Schäden an." (S.11 f.).

Hessel und Morin fahren fort: Die Entwicklungspolitik habe einem Teil der Weltbevölkerung westlichen Wohlstand gebracht, aber zugleich „Elendszonen und gigantische Ungleichheit" geschaffen. Sie folgern, die Globalisierung und die Entwicklungspolitik müssten mit Respekt für „Solidarität und kulturellen Reichtum" nationale und regionale Eigenständigkeit bewahrend neu durchdacht und differenzierend verändert werden. (Details dazu siehe Pkt.10) (S. 12 f.)

In gleicher Richtung weisen die Urteile des Wirtschaftsberaters von Präsident Kennedy Professor Paul Samuelson und des früheren Chefvolkswirts der Weltbank und Nobelpreisträgers Joseph Stiglitz, die schon vor etlichen Jahren darauf hingewiesen haben, dass es zunehmend auch im Westen Gewinner und Verlierer der Globalisierung gibt, wobei in vielen Ländern die Verlierer überwiegen. Samuelson rät deshalb zu einer Verlangsamung des Globalisierungsprozesses. Und Stiglitz fordert Korrekturen zu Gunsten der benachteiligten Länder, auf die ich noch eingehen werde (siehe Pkt. 5.5.2 und Pkt. 9.3). Wir müssen erkennen, dass die Globalisierung wegen der vielen Verlierer zwei Probleme hat:

(1) **Amerikas Hegemoniestreben durch massive Dominanz in den Institutionen der Weltwirtschaft,** Weltwährungsfonds (IMF - International Monetary Fund), Weltbank (IBRD - International Bank for Reconstruction and Development) und Welthandelsorganisation (WTO - World Trade Organization) ist undemokratisch, intransparent, unsozial und **wegen vieler Verlierer in der Kritik.**

Die genannten Institutionen wurden 1944 in Bretton Woods gegründet, um die Wiederaufbau der im 2.Weltkrieg zerstörten Länder zu fördern und eine funktionierende Weltwirtschaft wiederherzustellen. Weil Länder Auslandswährung durch Exporteinnahmen erwirtschaften müssen, können exportschwache Länder international zahlungsunfähig werden. Um in solchen Fällen zu helfen, schuf man den Weltwährungsfonds (IMF) mit der Aufgabe der Kreditvergabe an Länder mit internationalen Zahlungsschwierigkeiten. Der Weltbank (IBRD) übertrug man die Aufgabe, Wiederaufbauinvestitionen und später große Entwicklungsprojekte zu finanzieren. Der Vorläufer der heutigen Welthandelsorganisation (WTO) war ein allgemeines Abkommen über Zölle und Handelsliberalisierung (GATT - General Agreement on Tariffs and Trade), brillant und logisch konzipierte Institutionen, um den Wiederaufbau nach dem 2. Weltkrieg mit der Kreditvergabe in der internationalen Leitwährung US$ in Gang zu setzen und zu halten (Zur Vertiefung siehe Pkte. 5.4 und 5.5).

(2) **Die Methoden eines dominant rigorosen Kapitalismus** mit anhaltender Missachtung der Menschenrechte und, trotz großer Fortschritte der Armutsbekämpfung, sich weiter verschärfender Teilung der Welt in Arm und Reich, **sind eine der Hauptursachen des**

wachsenden Migrationsdrucks von Menschen ohne Zukunftsperspektive auf die Wohlstandsinseln Nordamerika und Europa. Die ökonomischen Ursachen der Migration dauern an und erfordern solidarische Beachtung der Menschenrechte und Bekämpfung der Ursachen.

Fazit 4: Die Globalisierung ignoriert wachsende Zahl von Verlierern

Das System der Globalisierung erzeugt wachsenden Reichtum von wenigen mit menschenrechtsverachtender Armut für viele.

- Die wachsende Ungleichheit ist die Folge kurzfristigen, rigorosen Gewinnstrebens ohne Fairness und Achtung der Menschenrechte.
- Computergestützte Spekulation jagt Kapital, im vielfachen Wert des Welthandels mit Gütern, ohne realen Gegenwert immer schneller um den Globus.
- Die herrschende Weltwirtschafts- und Weltfinanzordnung mit den Bretton Woods Instituten ist reformbedürftig. Sie dient den USA zu Machterhalt und -erweiterung. Sie ist deshalb als Instrument der notwendigen Friedenssicherung auf der Basis von Vertrauen und Solidarität nicht mehr geeignet. Das beweisen die lang anhaltenden Krisen, aus denen Millionen an Flüchtlingen aus zerstörter Existenz und Infrastruktur hervordrängen.

Man kann die doppelte Osterweiterung von EU und Nato - wahrscheinlich entgegen anders lautender Zusicherungen - nach dem Zusammenbruch der Sowjetunion und des Warschauer Paktes sowie die konfliktreichen EU-Assoziierungsverhandlungen mit der Ukraine und Verhandlungen über eine Transatlantisches Handels- und Investitions-Partnerschaft (TTIP) heute in dieser Tradition sehen, eines intensiven Strebens nach Erweiterung von wirtschaftlichem und politischem Einfluss der Führungsmacht des Westens, der USA. Das wird, nicht ganz zu Unrecht, vom russischen Volk nach den Erfahrungen mit Napoleon und Hitler als eine Verschlechterung seiner Sicherheit und eine Destabilisierung auf dem europäischen Kontinent angesehen, weil es nicht mehr - wie anfangs - von vertrauensbildenden Maßnahmen des Westens begleitet wird.

Fazit 5: Sechzig Persönlichkeiten empfehlen eine andere Russlandpolitik

- Horst Teltschik, der frühere Sicherheitsberater von Bundeskanzler Helmut Kohl, schreibt: „Berechtigte Kritik an der russischen Ukrainepolitik darf nicht dazu führen, dass die Fortschritte, die wir in den vergangenen 25 Jahren in den Beziehungen zu Russland erreicht haben, aufgekündigt werden."
- Und sechzig namhafte Persönlichkeiten, darunter Gerhard Schröder, Horst Teltschik, Roman Herzog, Eberhard Diepgen, Manfred Stolpe und Antje Vollmer veröffentlichten im Dezember 2014 folgenden Aufruf:
„Niemand will Krieg. Aber Nordamerika, die Europäische Union und Russland treiben unausweichlich auf ihn zu, wenn sie der unheilvollen Spirale aus Drohung und Gegendrohung nicht endlich Einhalt gebieten. Alle Europäer, Russland eingeschlossen, tragen gemeinsam die Verantwortung für Frieden und Sicherheit. Nur wer dieses Ziel nicht aus den Augen verliert, vermeidet Irrwege."
(Quelle: www.aufruf-fuer-eine-andere-russland-politik)

3.4 Klimawandel, umfassende Gefährdung (Bruno Fritsch)

Eine weltweite Petition von Avaaz im Internet lautet: „Wissenschaftler warnen, dass der Klimawandel außer Kontrolle geraten könnte und so alles, was uns am Herzen liegt, gefährdet. Bitte halten Sie den globalen Temperaturanstieg unter dem gefährlichen Grenzwert von 2° C, indem Sie den CO_2-Ausstoß allmählich auf null reduzieren. Hierzu müssen Sie dringend realistische globale, nationale und örtliche Vereinbarungen treffen, mit denen unsere Gesellschaft und Volkswirtschaft bis 2050 auf 100% erneuerbare Energien umgestellt wird. Gestalten Sie diesen Umstieg fair und unterstützen Sie die anfälligsten Bevölkerungsgruppen. Unsere Welt ist es wert, erhalten zu werden, und jetzt ist der Augenblick zu handeln. Doch um alles zu verändern, sind wir alle gefragt. Machen Sie mit!" Am 1.1.2017 hatten 2,6 Mio Menschen unterzeichnet. (www.avaaz/Klimawandel.de)

Den Besorgten einerseits und den egozentrisch auf ungestörten Genuss ihres Wohlstandes bedachten Beschwichtigern kritischer Wirklichkeit andererseits gibt mein Lehrer Bruno Fritsch, Professor der Nationalökonomie der ETH Zürich, schon 1990 zu bedenken[10]: „Wenn wir also in eine entfernte Zukunft (Zeitperioden von 50 bis 100 Jahren) blicken, so ergeben sich nach heutigem Wissensstand folgende Perspektiven: Einerseits wird die Bevölkerungsentwicklung zum Stillstand kommen (es gibt Gründe dafür, diesen bei 10 bis 12 Mrd. zu erwarten (der Verf.)), und andererseits dürfte sich die Basis für die Erzeugung von Nahrungsmitteln dank der zu erwartenden Erwärmung erheblich vergrößern. Wie aus (IASA)-Studien[11] hervorgeht, gilt das in noch größerem Maße für die Forstwirtschaft. Die Menschheit muss nicht befürchten, dass der Wald auf dem Globus verschwinden wird. Doch der Wald wird in Zukunft anders aussehen, und er wird an anderer Stelle, vermutlich in höheren Breitengraden wachsen. Die klimabedingte Erhöhung der Agrarproduktion in den nördlichen Regionen der Welt ist möglicherweise mit zusätzlicher Trockenheit in den südlichen Regionen verbunden. Es kann also durchaus sein, dass die in den nördlichen Regionen zu erwartende Steigerung der Agrarproduktion zeitlich und örtlich von der in den südlichen Breitengraden bis Ende des 21. Jahrhunderts erfolgten Bevölkerungszunahme so weit entfernt ist, dass die dann erforderlichen Umverteilungsmechanismen aus technischen sowie vor allem politischen Gründen nicht ausreichen, um einen Ausgleich herzustellen. Was dies zur Folge haben könnte, liegt auf der Hand. Die sich schon abzeichnende Bevölkerungswanderung vom armen Süden in den

---

[10] Bruno Fritsch, Mensch - Umwelt - Wissen, Evolutionsgeschichtliche Aspekte des Umweltproblems, Zürich 1990, S. 100 ff. (Hervorhebung v. Verf.)
[11] IASA: International American Studies Association

vermeintlich reichen Norden würde lawinenartig zunehmen. ..-.. Politische Wirren als Folge ökologischer Katastrophen in den südlichen Regionen der Welt, kombiniert mit einer durch Satellitenfernsehen kreierten falschen Vorstellung über die Reichtümer des Nordens, werden Hunderte von Millionen von Menschen in Bewegung versetzen. Viele werden schon im Vorfeld, d.h. in den südlichen Regionen hängen bleiben. Eine durchorganisierte systematische Migration in den Norden wird es kaum geben. Dennoch werden Dutzende von Millionen „durchkommen" und unsere Behörden vor die schwierige Aufgabe stellen, zu entscheiden, ob es sich bei Flüchtlingen um Umweltflüchtlinge, oder um Wirtschaftsflüchtlinge beziehungsweise um politisch Verfolgte handelt. Diese Unterscheidung wird deshalb zunehmend schwieriger, weil sich alle drei Faktoren - die ökologischen, die wirtschaftlichen und die politischen - heute mehr denn je gegenseitig beeinflussen."

Fritsch fährt fort: „Gegenwärtig gibt es rund 15 Millionen Flüchtlinge auf der Welt. Dies entspricht der Zahl der Flüchtlinge und Vertriebenen nach dem 2.Weltkrieg in Europa. Dem gegenüber rechnet man heute mit mehreren hundert Millionen von potenziellen Umweltflüchtlingen. Es gibt drei Reaktionen des Menschen auf Herausforderungen: Die Flucht, den technischen „Fix" (Lösung durch gezielten Technologieeinsatz) oder die Änderung des Verhaltens."

Fazit 6: Klimawandel verursacht Mega-Migration durch Vernichtung der Lebensgrundlagen von Millionen

Fritsch fährt fort: „Im vorliegenden Fall der Klimamigration werden wir vor die Entscheidung gestellt,
- <u>entweder</u> Technologie – technischen Umweltschutz zwecks Verbesserung der Lebensbedingungen – und Kapital vermehrt in die Länder der Dritten Welt zu transferieren,
- <u>oder</u> uns auf einen vermehrten Zustrom von Umweltflüchtlingen aus der südlichen Hemisphäre gefasst zu machen. Vermutlich wird aber beides geschehen.

- Trotz aller Bemühungen ist eine Änderung des Verhaltens dort kaum zu erwarten, wo es um Basisbedürfnisse geht, hungernde Menschen können sich das Essen nicht ganz abgewöhnen."

Es ist also für Besorgte wie für Beschwichtigende nicht die Zeit, über ungeklärte Details, Unsicherheiten der Vorhersage, z.B. welche Pflanzen wo nicht mehr wachsen werden oder die Fragen zur Zeitachse des Geschehens zu streiten, ob die übereinstimmenden Hauptvorhersagen von Experten wie Fritsch unsere Enkel oder erst unsere Urenkel betreffen.

Entscheidend und verantwortungsvoll ist ausschließlich unser persönliches Engagement für die Klärung der notwendigen Entscheidungen und für notwendige Maßnahmen, zur Begrenzung des globalen Temperaturanstiegs auf unter 1,5 Grad, das Klimaziel der Pariser Klimakonferenz von 2015.

Dieser Aufgabe sind die weiteren Ausführungen gewidmet. Sie müssen deshalb außer einer allgemein verständlichen Darstellung der Fakten und Zusammenhänge eine zielführende Auswahl relevanter Gutachten und Empfehlungen präsentieren.

4. Klimawandel vom Menschen beschleunigt[12]

4.1 Haupterkenntnisse und Ziele, ein Resümee[13]

Der Wissenschaftliche Beirat der Bundesregierung Globale Umweltveränderungen (WBGU) fasst in seinem Sondergutachten (SG) „Klimaschutz als Weltbürgerbewegung" von 2014 den aktuellen Stand der Erkenntnisse wie folgt zusammen:

„Der 5. Sachstandsbericht des Weltklimarates (Intergovernmental Panel on Climate Change IPCC) macht unmissverständlich klar: Inakzeptable Klimafolgen, die sich jenseits der 2°C-Leitplanke (dem in Kopenhagen vereinbarten kritischen Höchstwert) häufen dürften, können nur vermieden werden, wenn der weitere Anstieg der Treibhausgaskonzentration so bald wie möglich gestoppt wird. Der WBGU empfiehlt daher, die CO_2-Emissionen aus fossilen Energieträgern bis spätestens 2070 auf null zu senken. Dies ist ein ebenso ehrgeiziges wie prägnantes Politikziel, denn jedes Land, jede Kommune, jedes Unternehmen und jeder Bürger müssen „die Null schaffen", wenn die Welt als Ganzes klimaneutral werden soll. Die 2°C-Linie kann allerdings nur gehalten werden, wenn zahlreiche Akteure – insbesondere die OECD-Staaten – schon deutlich früher ihre Emissionen herunterfahren. Der Weltgesellschaft als Ganzes steht ein eng begrenztes Kohlenstoffbudget zur Verfügung, so dass der Scheitelpunkt der Emissionen möglichst bis 2020, auf alle Fälle aber in der dritten Dekade erreicht werden sollte. Der WBGU umreißt in diesem Gutachten eine Doppelstrategie für den globalen Klimaschutz, die auf das Zusammenspiel von Multilateralismus und Zivilgesellschaft setzt. Dafür sollte zum einen das für Ende 2015 angestrebte Pariser Klimaabkommen bestimmte Merkmale aufweisen, die der Beirat benennt. Insbesondere sollte ein Prozess vereinbart werden, der die

---

[12] vgl. WBGU, L.C.Smith, IPCC und Stiftung Entwicklung und Frieden, (SEF)

[13] Wissenschaftlicher Beirat der Bundesregierung Globale Umweltveränderungen (WBGU), Sondergutachten (SG) Klimaschutz als Weltbürgerbewegung, Berlin 2014, S. 1

Einhaltung der 2°C-Leitplanke sicherstellt. Zum anderen sollten alle gesellschaftlichen Akteure ihre spezifischen Beiträge zur Dekarbonisierung leisten. So kann eine verschränkte Verantwortungsarchitektur für die Zukunft unseres Planeten entstehen, in der vertikales Delegieren und horizontales Engagieren keinen Gegensatz bilden, sondern sich wechselseitig verstärken."

Im genannten Sondergutachten von 2014 des WBGU heißt es weiter (S. 3): „Unser Wissen über den Klimawandel, seine Ursachen und seine weitgehend gefährlichen Auswirkungen hat sich in den letzten Jahrzehnten dramatisch erweitert und vertieft. Ebenso stark ist die Anzahl der Klimaschutzinitiativen rund um den Globus gewachsen. Und dennoch steigen die globalen Treibhausgasemissionen nahezu unvermindert an. Dieses Dilemma aufzulösen, ist zu einer zentralen Menschheitsherausforderung geworden. Die internationale Klimadiplomatie hat sich darauf verständigt, dass die Erderwärmung auf maximal 2° C begrenzt werden soll."

Auf der Klimakonferenz in Paris im Dezember 2015 wurde ein völkerrechtlicher Vertrag geschlossen, in dem sich alle unterzeichnenden Staaten verpflichten, Klimaschutzpläne zur Begrenzung des globalen Temperaturanstiegs auf weniger als 1,5 Grad Celsius zu entwickeln und auf Folgekonferenzen zeitnah vorzulegen. Die Beteiligung von USA und China an dieser Regelung wird als wichtiger Erfolg gewertet. Neue Ungewissheit ist entstanden, weil der zukünftige Präsident der USA im Wahlkampf die Dringlichkeit des Klimaschutzes zu Gunsten forcierter Kohleförderung in Frage gestellt hat. Der WBGU schrieb vorausschauend (SG op.cit. S.3):

„Entsprechend bedarf es wohl starker zusätzlicher Kräfte auf dem Spielfeld des Klimaschutzes, welche die politischen Entscheidungsträger zu entschlossenem Handeln drängen und komplementär wirksame Maßnahmen in eigener Regie ergreifen. Folgerichtig konzentriert sich dieses Sondergutachten auf zwei Hauptaspekte und ihr Zusammenspiel:

Erstens wird untersucht, welche strategischen und operativen Elemente ein multilaterales Klimaabkommen umfassen sollte, um realistischerweise eine große Wirkung erzielen und somit die Stagnation der letzten Dekade überwinden zu können.

Zweitens wird die rapide wachsende Bedeutung des Beitrags zivilgesellschaftlicher Bündnisse und Akteure herausgestellt und an zahlreichen Beispielen demonstriert. Darüber hinaus beleuchtet der WBGU in dieser Studie die Fortschrittspotenziale, welche aus den Wechselwirkungen zwischen multilateralen Verhandlungen und zivilgesellschaftlichen Aktivitäten erwachsen können." (Hervorhebung d.Verf.)

Fazit 7: Kernbotschaften zur Dynamik des Klimawandels

Der WBGU[14] nennt folgende Kernbotschaften:

- „Klimawandel und Einfluss des Menschen auf das Klima sind eindeutig.
- Die Klimaprojektionen mit gegenwärtigen Emissionsraten laufen eher auf eine Erderwärmung von 4° C (gegenüber dem vorindustriellen Niveau) hinaus.
- Zur Vermeidung größerer Schäden wird die 2° C-Leitplanke wichtiger denn je.
- Ihre Einhaltung erfordert ein Nullemissionsziel: CO_2-Emissionen aus fossilen Energieträgern sollten bis spätestens 2070 auf null sinken.
- Je weiter das Handeln verzögert wird, desto teurer wird die Einhaltung der 2° C-Leitplanke und desto riskanter sind die Technologien dafür.
- Klimaschutz ist eine Investition in die Zukunft, die aber bezahlbar ist und auf lange Sicht die Kosten senken kann.
- Die Transformation zur klimaverträglichen Gesellschaft bietet erhebliche Zusatznutzen."

---

[14] WBGU, SG 2014 Weltbürgerbewegung, op.cit. S. 39

4.2 Globale Verantwortung von Regierungen und Bürgern

Das oben zitierte Sondergutachten des WBGU, Weltbürgerbewegung 2014, betont die Notwendigkeit einer gemeinsamen Verantwortungsarchitektur, die aus dem Zusammenfügen passender vertikaler und horizontaler Elemente der Klimavorsorge entstehen sollte. (Seite 3). Dabei geht es den Gutachtern darum, dass Regierungen und Zivilgesellschaften sich durch gemeinsame Ziele als kooperierende, ergänzende Partner engagieren und nicht als Opponenten agieren. Ich möchte diesem wichtigen Gedanken folgende Überlegung hinzufügen. In der Bundesrepublik gibt es Regeln für die Bürgerpartizipation, die nicht selten von Behörden zwar formal erfüllt, aber bei Entscheidungen inhaltlich ignoriert werden. Es geht deshalb um einen sehr weitreichenden notwendigen Wandel in den Köpfen von Entscheidungsträgern und oft frustrierten Bürgern, den ich so konkretisieren möchte: Der konservative Wohlstandsbürger wählt i.d.R. Beschützer seines Wohlstands. Deshalb traut sich der von ihm gewählte Mandatsträger nicht zu wesentlichen Reformen, die seine Wählerklientel für sich als nachteilig ansehen könnte.

Fazit 8: Weltweite Bürgerbewegung muss Politik verändern
- Um die verbreitete Blockade aufzulösen, muss eine Bürgerbewegung öffentlich erkennbar genügend Wähler und Publizität mobilisieren, damit reformentschlossene Mandatsträger die Mehrheit erringen können.
- Diese Notwendigkeit verleiht dem Wahlrecht und dem sachbezogen kompetent geführten Wahlkampf hohe Relevanz.
- Wir Bürger müssen, jeder mit seinen Kenntnissen in kompetenten Gruppen, die Politiker/innen, die von uns gewählt werden möchten, vor der Wahl befragen, ob sie willens und fähig sind, einen konkreten Lösungsbeitrag voranzutreiben.

4.3 Tatsachen und frühe Warnungen des Weltklimarates (IPCC)[15]

Die erste wichtige Tatsache: Kohlendioxyd ist der gefährlichste Hauptverursacher des Treibhauseffektes.

Der Prozess des Klimawandels - ob natürlich oder vom Menschen gemacht - verläuft nicht exakt berechenbar. Aber die ständige Vermehrung von Kohlendioxyd (CO_2) und anderer Treibhausgase in der Atmosphäre als Abfall menschlicher Aktivitäten führt zu einem langfristigen Temperaturanstieg der Luft als Durchschnittstrend, weil dadurch kontinuierlich mehr Sonnenenergie eingestrahlt als wieder abgegeben wird. Je nach Beschaffenheit der Erdoberfläche ergeben sich jedoch regional und zeitlich große Abweichungen vom Durchschnittstrend[16].

Erhard Keppler[17] prognostizierte schon 1988, dass wir mit an Sicherheit grenzender Wahrscheinlichkeit in zwanzig Jahren mit einer Temperaturerhöhung von 1,5 Grad Celsius zu rechnen haben. Davon würden etwa 46 % von CO_2 und die übrigen 54 % von den übrigen Spurengasen zum Treibhauseffekt beitragen. Wörtlich fährt Keppler fort: „Bei Verweilzeiten von über 100 Jahren werden sich klimatische Verschiebungen - wenn überhaupt - nicht im Verlauf von Monaten, sondern erst im Verlauf von Jahrhunderten, vielen Menschenaltern also, zurückbilden können. Das kann zu einer gravierenden Dezimierung der Menschen auf der Erde führen – die Erde könnte unter Umständen nur noch 2 Mrd. Menschen ernähren. Humanistisches Engagement für die verhungernden und sterbenden Menschen in den unfruchtbar gewordenen Zonen würde nichts mehr helfen. Rechtzeitiges Handeln wäre wichtig. Aber davon sind wir weit entfernt."

---

[15] Laurence C. Smith erläutert vier wichtige Tatsachen zum Klimawandel in Die Welt im Jahr 2050, a.a.O. Seiten 193-201

[16] Vgl. L.C. Smith, op. cit., S. 193

[17] Erhard Keppler, Die Luft in der wir leben, München 1988, S. 230 f

Die zweite wichtige Tatsache: Die Erwärmung erfolgt mit enormen Unterschieden.
Smith schreibt[18]: „Manche Gebiete werden sich stärker aufheizen, während andernorts die Temperaturen gleich bleiben oder sogar fallen. Hinter dem globalen Durchschnitt von einem einzigen Grad verbergen sich enorme Differenzen überall auf der Welt." Der Weltklimarat (IPCC) habe deshalb seine Globalprognosen aus regionalen Klimaprognosen und zahlreichen regionalen Szenarien (SRES) kombiniert. Die drei wichtigsten seien: (1) optimistisch: bis zur Mitte des Jahrhunderts weitgehend stabile Weltbevölkerung mit Übergang zur Informations- und Dienstleistungsgesellschaft; (2) gemäßigt: wie optimistisch jedoch mit schneller Übernahme neuer Energietechniken und (3) pessimistisch: ausgeprägt heterogene Welt mit starkem Bevölkerungswachstum und langsamem Übergang zu neuen Energietechniken.

Die dritte wichtige Tatsache: Die Extremtemperaturen werden hochgefährlich.
Smith erläutert[19], dass heute getroffene oder unterlassene Maßnahmen bis zum Jahrhundertende einen enormen Unterschied ergeben. Für den Zeitraum von 2080 bis 2099 ergebe das optimistische Szenario mit einer globalen Durchschnittstemperaturerhöhung zwischen 1,5 und 2,5 Grad für New York Normaltemperaturen, die heute als extrem gelten und Extremtemperaturen, die es bisher nicht gegeben habe. - Wenn das pessimistische Scenario eintrete, mit einer Erhöhung der Durchschnittstemperatur um etwa 3,5 bis 5,0 Grad in den USA, Europa und China, werde die Welt ein „siedender Kessel". Die Dimension der Veränderung wäre dann vergleichbar mit dem Temperaturanstieg seit der Eiszeit vor 20.000 Jahren. Damals lag die globale Durchschnittstemperatur 5 Grad niedriger als heute. Die Mee-

---

[18] L.C. Smith, op.cit., S. 197 f.
[19] Vgl. L.C. Smith op. cit., S. 197 und 199

resspiegel waren 100 Meter niedriger. Japan und England waren mit dem benachbarten Festland verbunden und viele Regionen lagen unter einer Eisdecke.

Die vierte wichtige Tatsache: Den Norden treffen höchste Temperatur-Veränderungen und extreme Niederschläge, den Süden bedrohen extreme Dürren.

Die regionalen Unterschiede der Temperaturerhöhung werden in allen Klimamodellen übereinstimmend als sehr hoch ausgewiesen. Wörtlich schreibt Smith (op.cit. S. 200 f.): „Selbst unser optimistisches Szenarium prognostiziert, dass die nördlichen Breiten bis zur Jahrhundertmitte eine Erwärmung zwischen 1,5 bis 2,5 Grad und bis zum Ende des Jahrhunderts zwischen 3,5 und 6 Grad erfahren werden, mehr als das doppelte des Durchschnitts. Die schnellste und größte Erwärmung wird uns im Norden begegnen. … Niederschläge (Regen und Schnee), die allen Modellen zufolge zunehmen werden, vor allem im Winter. In Verbindung mit einer zunehmenden Verdunstung offener Seen und Meere." Einigkeit bestehe auch über einen weiteren robusten Trend. Bis 2050 werde in bestimmten Regionen des hohen Nordens das Fließvolumen der Flüsse ansteigen. Das habe in Russland bereits begonnen. Das Gegenteil, eine Abnahme des Fließvolumens der Flüsse um 10 bis 30 Prozent, betreffe Teile von Südeuropa, den Westen der USA, den Nahen Ostens und das südliche Afrika und werde dort gravierende Süßwasserprobleme für die Haushalte und die Landwirtschaft verursachen. Was in der Sahelzone und Kalifornien bereits eingesetzt hat.

Es ist insgesamt selbstverständlich, dass verlässliche Vorhersagen über regionale Konsequenzen für Flora und Fauna nicht, insbesondere nicht zeitgenau, möglich sind. Eine diesbezügliche Kritik des Spiegels am 5. IPCC-Sachstandsbericht lenkt vom Wesentlichen ab und ist deshalb für rechtzeitige richtige Schritte nicht hilfreich.

Fazit 9: Vier Veränderungen werden mit Gewissheit eintreten
1. Kohlendioxyd wird als gefährlichste Hauptverursacher des Treibhauseffektes, hunderte von Jahren in der Atmosphäre bleiben.
2. Die Erwärmung erfolgt mit enormen Unterschieden.
3. Die Extremtemperaturen werden hochgefährlich.
4. Den Norden treffen höchste Temperatur-Veränderungen und extreme Niederschläge, den Süden bedrohen extreme Dürren mit existenzgefährdendem Wassermangel der jetzt begonnen hat.

4.4 Zukünftige Wirkungen des globalen Klimawandels[20]

„Im Vergleich zum 4. IPCC-Sachstandsbericht wird die Einschätzung der Risiken durch Extremereignisse und der Verteilung der Auswirkungen jetzt auf einem höheren Konfidenzniveau bestätigt."
Nach den fünf übergreifenden Gefährdungslagen: (1) einzigartige und bedrohte Systeme, (2) Wettersysteme, (3) Verteilung der Auswirkungen, (4) global aggregierte Auswirkungen und (5) großskalige Einzelereignisse (IPCC 2014) erläutert WBGU folgende Kernrisiken:

Kernrisiken für den Erhalt der natürlichen Lebensgrundlagen[21]
„Solche Kernrisiken können durch weitreichende und unumkehrbare Konsequenzen gekennzeichnet sein, durch eine hohe Wahrscheinlichkeit des Schadenseintritts oder durch begrenzte Anpassungsmöglichkeiten (IPCC, 2014):

1. Lebens- und Gesundheitsrisiken, Verlust der natürlichen und materiellen Lebensgrundlagen in flachen und küstennahen Zonen und kleinen Inselstaaten aufgrund von Meeresspiegelanstieg und Sturmfluten.
2. Risiko eines sehr hohen Schadenspotenzials aufgrund von Überflutungen des Binnenlandes und mangelnder Anpassungsfähigkeiten einer großen Zahl der städtischen Bevölkerung.

---

[20] Zitiert aus: WBGU, Sondergutachten Weltbürgerbewegung, Berlin 2014, S. 24 ff, Hervorhebungen durch Fettdruck vom Verfasser.
[21] Forts. aus WBGU 2014, op.cit. S.25 ff, Hervorhebung durch Fettdruck v.Verf.

3. Systemrisiken durch vielfach interagierende Schadensereignisse, die zu einer Schädigung von Infrastrukturen und wichtiger Versorgungssysteme führen können, (z.B. Elektrizität, Wasserver- und -entsorgung, Gesundheits- und Notdienste), die bei Extremereignissen zusammenbrechen könnten.

4. Gesundheits- und Sterberisiken sowie andere Schädigungen durch Hitzestress, insbesondere für verwundbare Stadtbewohner (z. B. Alte, Kinder, chronisch Kranke, Schwangere). Dabei besteht das Risiko einer Überforderung lokaler Rettungs- und Versorgungsdienste.

5. Risiken für die Ernährungssicherheit und Zusammenbruch von Nahrungssystemen aufgrund von Dürren und hoher Niederschlagsvariabilität, vor allem in Regionen mit einem hohen Anteil von Armutsgruppen. Bei einer Erwärmung der globalen Mitteltemperatur von über 4° C ist weltweit mit weitreichenden negativen Wirkungen auf die Landwirtschaft zu rechnen (z.B. Indien, der Verf.).

6. Risiko des Verlusts der natürlichen Lebens- und Einkommensgrundlagen für die ländliche Bevölkerung aufgrund unzureichender Trinkwasserversorgung, beeinträchtigter Bewässerungssysteme und verminderter landwirtschaftlicher Produktivität. Besonders gefährdet sind Kleinbauern und Viehhirten in semiariden Gebieten (Halbwüsten). (Schon fortgeschritten in der Sahelzone, der Verf.)

7. Risiko des Verlusts mariner Ökosysteme und deren Leistungen für den Erhalt der natürlichen und materiellen Lebensgrundlagen in Küstengebieten. Biodiversität und Ökosystemleistungen in tropischen und arktischen Küstengebieten sind aufgrund steigender Wassertemperatur, erhöhter Schichtungsstabilität und Ozeanversäuerung besonders gefährdet.

8. Risiko des Verlusts terrestrischer Ökosysteme und deren Leistungen für den Erhalt der natürlichen und materiellen Lebensgrundlagen. Diese Ökosystemleistungen sind durch steigende Temperaturen, Änderungen der Niederschlagsmuster und Wetterextreme gefährdet. Hohe Risiken bestehen für Menschen, deren Lebensgrundlagen direkt von diesen Ökosystemleistungen abhängig sind."

Beispiele hoher regionaler Risiken: Trinkwasser wird in Afrika und Asien knapp[22]

„Süßwasserdargebot[23]: In einer wärmeren Welt wird der globale Wasserkreislauf beschleunigt und damit werden die Niederschläge generell zunehmen, allerdings werden trockene Regionen im allgemeinen trockener und feuchte Regionen im allgemeinen feuchter, wobei das Risiko von Starkniederschlägen auch in Trockenregionen steigt (Jiménez Cisneros et al., 2014). ... Der Klimawandel kann das Süßwasserdargebot regional so verändern, dass die Deckung der Nachfrage für Haushalte und Bewässerungslandwirtschaft aus der eigenen Region schwierig wird, insbesondere in Trockenregionen der Subtropen und bei steigender Nachfrage durch Bevölkerungswachstum und wirtschaftliche Entwicklung (Jiménez Cisneros et al., 2014). Bei ungebremstem Klimawandel werden, das zeigen die vom IPCC ausgewerteten Modelle, vor allem die Mittelmeerregion und Teile des südlichen Afrikas von einem Rückgang des Wasserdargebots betroffen sein."

„Für Süd- und Südostasien zeigen die Modellergebnisse für verschiedene Szenarien eine deutliche Variabilität. Bis zu einer Erhöhung der globalen Mitteltemperatur von rund 1,4° C bleibt die Bevölkerungsentwicklung der dominierende Faktor für die Wasserverfügbarkeit in einer Region; jenseits dieser Temperaturschwelle kann dann der Einfluss des Klimawandels regional der dominierende Faktor werden. Es wird geschätzt, dass sowohl in einer 2° C Welt als auch in einer 4° C Welt noch Anpassungspotenziale bestehen....

---

[22] WBGU Weltbürgerbewegung Berlin 2014, a.a.O. S.26 u.32; Global Trends Frankfurt/M 2010, S.263f. und Blume;Hein, Indiens verdrängte Wahrheit, Hamburg 2014, S. 11

[23] Süßwasserdargebot (WGBU SG Weltbürgerbewegung 2014, S.26 f.

Modellrechnungen haben ergeben, dass im Zeitraum 1980–2080 der Anteil der Bevölkerung, der von einem Rückgang der erneuerbaren Grundwasservorräte von mehr als 10 % betroffen sein wird, je nach Szenario zwischen 24 % (RCP 2.6) und 38 % (RCP 8.5) beträgt (Jiménez Cisneros et al., 2014)".

Über **Indien** berichten Georg Blume und Christoph Hein[24]: „Eine im Magazine Nature veröffentlichte Studie der amerikanischen Raumfahrtagentur NASA hat einen drastischen Rückgang der nordindischen Grundwasserreserven zwischen 2002 und 2008 festgestellt. 109 Kubik-Kilometer Grundwasser seien in dieser Zeit verloren gegangen – doppelt so viel Wasser, wie in Indiens größtem Stausee Platz hätte. Grund dafür sei der hohe Verbrauch der Bauern für ihre Felder, der wachsende Verbrauch der Industrie und der Mittelschicht, aber auch der unregelmäßige Monsunregen, der, wenn er sich nur noch über Tage statt Monate erstreckt, in die Flüsse abfließe, statt in den Boden einzusickern."

Die Autoren Blume und Hein fahren fort: „Die Lage ist angespannt. Indien zählt 18 % der Weltbevölkerung, verfügt aber nur über 4 % der Wasserressourcen. 80 % des Wassers, auf das Indien zugreifen kann, wird von der Landwirtschaft verbraucht, weniger als 10 % gehen in die Industrie. Wird sich das Land aber - wie von allen Regierungen angestrebt und notwendig, um Arbeitsplätze zu schaffen - weiter industrialisieren, wird Bauern … das Wasser buchstäblich abgegraben werden. Schon jetzt schätzen Analysten der Bank HSBC, der Wasserverbrauch Indiens werde bis 2025 um fast 60 % steigen. Woher aber soll dieses Wasser kommen?

Deshalb ist vorauszusehen: Es wird in Südasien Verteilungskämpfe um Wasser geben. Die Quellen der großen Flüsse entspringen in Tibet und unterliegen damit der Kontrolle Chinas …

---

[24] Georg Blume; Christoph Hein, Indiens verdrängte Wahrheit, Streitschrift gegen ein unmenschliches System, Edition Körber-Stiftung, Hamburg 2014, S.111 f.

Der Klimawandel scheint zu stärkeren Überschwemmungen und Dürren zu führen. Funktionierende Infrastruktur und sparsame Nutzung sind in weiten Teilen des Landes Fremdwörter …
So sind die Szenarien düster: Der Bedarf der Inder an sauberem Wasser werde das Angebot im Jahr 2030 schon um 50% übertreffen, warnen die Berater von McKinsey. Das vorhandene Wasser sei dann ganz überwiegend verschmutzt und für den menschlichen Verzehr unbrauchbar. Die Inder können nur gegensteuern, indem sie den Wasserverbrauch senken, die Nutzung optimieren. Das Gegenteil geschieht. Während in den Städten wie Mumbai die Slumbewohner ihr Wasser nur aus den großen Versorgungsleitungen abzweigen können, baut die gut verdienende Mittelschicht in Sichtweite Appartementtürme, deren Swimmingpools wahre Wasserlandschaften sind ….

Die indischen Politiker unterschätzen die wachsenden Gefahren der Wasserknappheit gewaltig. …

Als Rettung in letzter Not planen die Inder nun den Bau von rund 80 Staudämmen ... Das Ziel lautet, weitere 35 Mio. Hektar Land bewässern zu können. Damit soll die insgesamt zu bewässernde Fläche des Subkontinents auf 160 Millionen Hektar hochgetrieben werden. Dahinter steht die Furcht, eine auf geschätzte 1,8 Milliarden Menschen im Jahr 2050 steigende Bevölkerung nicht mehr mit Nahrung versorgen zu können. Doch der Widerstand gegen den unausgegorenen Plan wächst." (Zitatende, aus: Indiens verdrängte Wahrheit. Das Buch behandelt zahlreiche weitere Probleme ähnlicher Dramatik.)

„**Tiefgreifende Auswirkungen auf städtische Verdichtungsräume**[25] Der Klimawandel wird tiefgreifende Auswirkungen auf ein breites Spektrum städtischer Funktionen, Infrastrukturen (etwa Kaskadeneffekte auf Wasser-, Energie-, Sanitär-, Transport- und Kommunikationsinfrastrukturen) und Dienstleistungen haben und kann bestehende Probleme weiter verstärken. Die potenziellen Auswirkungen des Klimawandels in städtischen Verdichtungsräumen hängen stark von ihrer Lage, der Robustheit gegenüber Wetterextremen (etwa der Infrastruktur), der Bausubstanz, der Verwundbarkeit der Bevölkerung, der Krisenbewältigungskapazitäten usw. ab. Großstädte in flachen Küstengebieten und in Flussebenen gelten in den nächsten Jahrzehnten als besonders gefährdet, viele davon liegen in Asien (McGranaham et al., 2007; Revi et al., 2014). … Die projizierte Zunahme von Dürren wird sich besonders auf die bereits heute unter chronischer Wasserknappheit leidenden ca. 150 Mio. Stadtbewohner auswirken. … Eine Durchsicht der Szenarien zeigt, dass die Zahl der unter chronischer Wasserknappheit leidenden Menschen bis 2050 auf rund 1 Mrd. ansteigen könnte (McDonald und Schrattenholzer, 2001; Revi et al., 2014). Die Übernutzung der Grundwasservorräte in dicht besiedelten Küstenzonen und ein steigender Meeresspiegel haben vielerorts bereits zu Salzwasserintrusion in das Grundwasser geführt.

Da viele städtische Verdichtungsräume in flachen Küstenzonen liegen, bestehen hier besonders hohe Risiken durch eine Kombination von Meeresspiegelanstieg, Absenkung der Landmassen durch hohe Auflasten (Bebauung) und Grundwasserübernutzung, Sturmereignisse sowie Überflutungen. Bis Ende dieses Jahrhunderts ist mit einem Meeresspiegelanstieg von 26–98 cm, mit einer Verstärkung tropischer Wirbelstürme und einer generellen Zunahme von Wetterextremen zu rechnen."

---

[25] WBGU 2014, Weltbürgerbewegung, op.cit., a.a.O. S.27

Fazit 10: Die Weltgemeinschaft muss sich auf etwa 200 Mio. Klimamigranten vorbereiten[26]

„Die bisherigen Schätzungen für klimawandelinduzierte Migration liegen zwischen 150 und 300 Mio. Menschen, die bis 2050 aufgrund des Klimawandels ihren Wohnsitz temporär oder permanent innerhalb eines Landes oder grenzüberschreitend verlassen müssen (BAMF 2012, Stern 2006).

- Die internationale Organisation für Migration nennt als meistzitierte Schätzung 200 Mio.
- Vom Klimawandel betroffenen Personen wurde bis 2014 kein rechtlicher Anspruch auf Entschädigung oder Asyl zugesprochen.
- Eine ablehnende Entscheidung des Immigration and Protection Tribunal New Zealand macht deutlich, dass internationaler Konsens oder gar eine völkerrechtliche Grundlage für eine Einordnung oder juristische Definition von Migranten als „environmentally displaced persons" d.h. Klimaflüchtlinge weiterhin fehlen.
- Weitgehende Einigkeit besteht allerdings vor allem im wissenschaftlichen Schrifttum dahingehend, dass sich die Weltgemeinschaft dieses Problems annehmen muss. ..."

4.5 Kipp-Punkte im Erdsystem mit irreversiblen Folgen, z.B. für die Landwirtschaft[27]

Als Kipp-Punkte bezeichnet man ein „Systemverhalten, bei dem nach Überschreiten einer kritischen Schwelle eine kaum noch steuerbare Eigendynamik des Systems einsetzt" (S.268) mit nicht zu vernachlässigender Gefahr sprunghafter irreversibler Veränderungen.

---

[26] WBGU 2014, Weltbürgerbewegung, op.cit., S. 62

[27] nach Stiftung Entwicklung und Frieden (SEF) Hrsg., Global Trends 2010, Frankfurt/M 2010, S. 268 – 272

4.5.1 Abschwächung des atlantischen Golfstroms nach Europa
Der Golfstrom, der das milde Klima Europas verursacht, führt als atlantische Oberflächenströmung Wärme aus der Karibik nach Europa. Angetrieben wird dieser Golfstrom durch eine entgegengesetzte kalte Tiefenströmung, die dadurch entsteht, dass im hohen Norden das Wasser abkühlend absinkt und nach Süden fließt und erst in der Karibik erwärmend wieder aufsteigt. Das bereits begonnene Abschmelzen der Polkappen kann diesen Prozess verlangsamen und im Extremfall zum Erliegen bringen, mit der Folge, dass Europas Klima mit gravierenden Folgen für die Landwirtschaft dem von Sibirien ähnlich würde.

4.5.2 Ausbleiben oder Verstärkung des Monsunregens in Asien
Ähnlich wie der Golfstrom folgt der Monsunwind starken äußeren Einflüssen, die sich verändern. Zunehmende Aerosole in der Atmosphäre bremsen den Monsun und die wachsende CO_2-Konzentration tendiert zu einer Monsunverstärkung. Außerdem ist noch nicht erforscht aber wahrscheinlich, dass sich atlantische und atmosphärische Strömungen beeinflussen. Aus Langzeitbeobachtungen sind Abschwächungen des Monsunregens bekannt. Es muss also die Möglichkeit der Beeinträchtigung der Monsunzirkulation befürchtet werden. Da der Monsunregen in großen Teilen Indiens bis zu 90% der sommerlichen Regenmenge ausmacht, birgt seine Instabilität ein großes Ernährungsrisiko für Indien.

4.5.3 Der Amazonas-Regenwald kann als CO_2-Speicher kollabieren.
Anhaltende großflächige Rodungen und wiederholte Dürreperioden drohen die Fähigkeit des tropischen Regenwaldes des Amazonas als CO_2-Senke, CO_2 zu absorbieren, in CO_2-Produktion umzukehren. Das kann mit einiger Wahrscheinlichkeit großräumig gravierende Folgen für Niederschläge, Landwirtschaft und die Ernährung der Bevölkerung von Brasilien haben.

4.5.4 Abschmelzen der Polkappen mit ungewissem Anstieg der Meeresspiegel

Ein Abschmelzen des Grönländischen Eisschildes würde zu einer globalen Erhöhung des Meeresspiegels um sieben Meter führen. Einerseits stabilisiert sich das Grönlandeis selbst zu einem gewissen Grad, weil es 3 km dick in höhere kältere Luftschicht reicht. Andererseits hat man jedoch eine schnellere Fließgeschwindigkeit der Gletscher beobachtet.

Fazit 11: Wer den Klimawandel kleinredet, trägt zur Verschleppung der Vorsorge gegen irreversible Katastrophen bei

- Abschwächung oder Abriss des atlantischen Golfstroms nach Europa
- Ausbleiben oder Verstärkung des Monsunregens in Asien
- Kollabieren des Amazonas-Regenwaldes als CO_2-Speicher
- Abschmelzen der Polkappen mit ungewissem Anstieg der Meeresspiegel.

Alle bergen große, aber im Ausmaß ungewisse großräumige Gefahren für Ernährung und Leben von Millionen von Menschen, Ursachen der oben beschriebenen wachsenden Klimamigration.

4.6 Hauptverursacher weiter steigender CO_2-Emissionen

Fritsch[28] schrieb schon vor zwanzig Jahren: „Nimmt man die Haupt-Emittenten Nordamerika, Europa, ehemalige Ostblockländer und China zusammen, dann entfallen auf diese vier Länder bzw. Ländergruppen drei Viertel der CO_2-Emissionen." (vgl. S. 202) D.h. ohne deren verbindliche Verpflichtung und Realisierung konkreter Emissionsverringerung wird die Begrenzung des Klimawandels scheitern.

---

[28] Bruno Fritsch, Mensch-Umwelt-Wissen, Evolutionsgeschichtliche Aspekte des Umweltproblems, Zürich und Stuttgart 1994, S. 203 ff

Dies macht deutlich, dass globaler zivilgesellschaftlicher Druck auf die von starken Lobbygruppen der Energiekonzerne gebremsten Regierungen notwendig ist. Die Pariser Klimakonferenz von 2015 hat Ziele zur Begrenzung der Erderwärmung auf unter 2° Celsius gegenüber dem Beginn der Industrialisierung vereinbart. Die Unterzeichner-Staaten sind verpflichtet, zeitnah Pläne zur Erreichung dieses Zieles vorzulegen. Das Kanzleramt der Bundesrepublik Deutschland hat einen entsprechenden Klimaschutzplan des Wirtschafts- und Umweltministeriums „industriefreundlich entkernt" und hat bremsend erreicht, dass Deutschland ohne Maßnahmenplan auf der 2. Konferenz zur Vereinbarung von Klimaschutzmaßnahmen international ein schlechtes Beispiel gibt.

Fazit 12: Vier Faktoren bestimmen das Ausmaß der Emissionen
Es gibt folgende vier Faktoren, die das Ausmaß der Emissionen bestimmen:[29]
1. Bevölkerungswachstum
2. Wohlstandsniveau (zu messen am Bruttosozialprodukt)
3. Energieintensität (Kfz hat höhere Energieintensität als Fahrrad.)
4. Energieeffizienz (Ein gut isoliertes Haus ist energieeffizienter als ein schlecht isoliertes Haus.) Für die Emissionsreduzierung ist entscheidend, welche dieser vier Bestimmungsfaktoren beeinflusst werden können. Ökonomen nennen das Aktionsparameter.

<u>Zu 1. und 2.:</u>
Das Bevölkerungswachstum von gegenwärtig rd. 7 Mrd. auf 2050 rd. 10 Mrd. wird vorwiegend in Entwicklungs- und Schwellenländern stattfinden und mit einer parallel angestrebten Verbesserung der Lebensbedingungen, wegen des bisher auf fossilen Brennstoffen basierenden Ausbaus der Energiesysteme, Afrika, Asien und Lateinamerika zu Hauptverursachern wachsenden CO_2-Ausstoßes machen.

---

[29] nach SEF, Global Trends Frankfurt/M 2013, a.a.O., S. 266

Für die Dekarbonisierung in diesen Regionen gilt es folgende Schwierigkeiten zu überwinden:

Zu 1.: Das Bevölkerungswachstum ist eine ethisch fundierte nationale Angelegenheit, die für internationale Klimapolitik nicht in Frage kommt.

Zu 2.: Die Verbesserung der Lebensbedingungen in Entwicklungs- und Schwellenländern ist ebenfalls eine ethisch begründete Angelegenheit nationaler Politik. Energiepolitische Projekte müssen im Rahmen internationaler Entwicklungskooperation eingebunden werden.

Zu 3. und 4.:
a) Deshalb wird sich Emissionsbegrenzung in dieser Ländergruppe auf die bestmögliche Gestaltung von Energieintensität und Energieeffizienz konzentrieren müssen.
b) Und den meisten dieser Länder fehlen Steuereinnahmen zur Finanzierung der erforderlichen Investitionen.
c) Deshalb wird es sehr wesentlich sein, für öffentliche und private ausländische Investoren lokal durch „good governance", ein attraktives Investitionsklima zu schaffen sowie Mittel für Ausfallbürgschaften bereitzustellen. (vgl. Pkt. 5.4.2 Positive Beiträge)

Fazit 13: Für notwendige globale Energiewende ist Solidarität unverzichtbar[30]

- Die enge Abhängigkeit des Sozialprodukts vom Energieeinsatz und die Stärke der gut organisierten Lobbygruppen der CO_2-basierten Energieerzeuger entwickeln einen mächtigen Widerstand gegen die globale Energiewende. Da muss ein Wandel vollzogen werden, der in Deutschland zu Schadensersatzklagen der großen Energieversorger gegen den Staat geführt hat.
- Smog, Vergiftung und Austrocknung von Flüssen und Wassermangel haben schon heute dramatische Formen in Indien und

---

[30] Vgl. Global Trends 2013, a.a.O., S. 271

China erreicht. Das Maximum der Nutzung der Atmosphäre als Deponie für Treibhausgase wird in wenigen Dekaden erreicht sein. Deshalb stehen die Klimaverhandlungen weiter vor großen Herausforderungen.
- Nordamerika, China, Indien, Europa und Russland müssen für eine globale Energiewende (zur Dekarbonisierung) zusammenarbeiten. Die USA und Europa müssen ihren CO_2-Ausstoß drastisch reduzieren. China muss seinen schnell wachsenden CO_2-Ausstoß durch Investitionen in erneuerbare Energien erst bremsen und dann ebenfalls reduzieren. Russland muss seine Abhängigkeit von Gasexporten reduzieren.
- Die in einigen Weltregionen erkennbaren ersten Schritte des energiepolitischen „Umsteuerns" müssen deutlich intensiviert werden. Die Industrieländer müssen CO_2-Emissionsrechte von der 3.Welt zu einem Preis kaufen, der die Energiewende in der 3.Welt finanziert.
- Der Emissionshandel muss mit deutlich erhöhten Preisen zum Motor der globalen Energiewende werden.
- Die Dringlichkeit einer globalen Energiewende zur Überwindung Leben verkürzender Luftverschmutzung unterstreicht eine Resolution der Weltgesundheitsorganisation WHO mit der Nachricht:[31] „Air pollution the world's largest single environmental health risk..-..Every year 4.3million deaths occur from exposure to indoor air pollution and 3.7 million deaths are attributable to outdoor air pollution." Gegen diese acht Millionen Tote jährlich verursachende Luftverschmutzung will die WHO den privaten Sektor mobilisieren. Für nähere Informationen benennt sie ihren Communication Officer: Christian Lindmeier, Email: lindmeierch@who.int - und Mobiltelefon: +41 79 500 6552

---

[31] Quelle: www.who/air pollution

5. Weltwirtschaft: Wettkampf um Wohlstand riskiert den Kollaps ohne Rücksicht auf Umwelt und Armut

5.1 Globale Trends und Veränderungen erfordern Umdenken

In den Punkten 2 und 3 habe ich die akuten zwölf Bedrohungen nach Jared Diamond und die Kräfte globaler Veränderung, Bevölkerungswachstum, Ressourcenverknappung, Globalisierung und Klimawandel, behandelt. Damit sind die dominierenden Trends, die zum Umdenken zwingen, geklärt. Zugleich wurde deutlich, dass die genannten Probleme sich gegenseitig beeinflussen und in der Regel verschärfen. Die Dimension, Komplexität und Dringlichkeit der politischen Herausforderungen erfordern globale Einigkeit, Solidarität und Entschlossenheit für den Klimaschutz und die Erhaltung von Frieden und Umwelt.

Damit kommen wir zu der Frage: Hat die Weltgemeinschaft die Fähigkeit und den Willen, die erkannten Herausforderungen zu bewältigen? Die täglichen Nachrichten und die Botschaften namhafter Autoren, rechtfertigen die Befürchtung, dass die Weltgemeinschaft im Begriff zu sein scheint, auf der Basis unverantwortbarer Beschönigung die Lösung der existenzbedrohenden politischen Herausforderungen aufzuschieben, bis es für eine Umkehr und Reparatur der Schäden zu spät ist. Zu den Fähigkeiten der Weltgemeinschaft ein kurzer Blick auf Kernaussagen namhafter Autoren.

(a) Der Altkanzler **Helmut Schmidt** schreibt in Die Mächte der Zukunft[32] 2004 zu globalen Gefährdungen:
„Es ist eine Schande, wenn westliche Staatsmänner den Entwicklungsländern moralische Vorhaltungen machen und sie gleichzeitig dazu überreden, ihre Grenzen für den Import westlicher industrieller Produkte zu öffnen, während sie selbst den Export von Zucker und Reis, von agrarischen und sonstigen Produkten nach Kräften behindern und sogar unmöglich machen. Die USA, die Europäische Union

---

[32] Helmut Schmidt, Die Mächte der Zukunft, Frankfurt 2004, S.28

und Japan sind auf diesem Gebiet die größten Egoisten. Sie predigen Freihandel, verstoßen aber selbst seit Jahrzehnten gegen ihre wohlklingende Predigt. Sie verstoßen zugleich gegen ihre eigenen langfristigen Interessen; denn bei anhaltender ökonomischer Perspektivlosigkeit wird es in vielen Entwicklungsländern zu vermehrtem Wanderungsdruck kommen, und dieser wird sich auf die USA und Europa richten."

(b) Der ehemalige Außenminister der USA **Henry A. Kissinger** schreibt in seinem neuen Buch Weltordnung[33] 2014: „Während so vieles aus der Balance geraten ist, werden in der Weltordnung des 21.Jahrhunderts unter vier wichtigen Aspekten Defizite sichtbar." Kissingers Hauptkritikpunkte betreffen die Rolle der USA, die Ineffizienz internationaler Konferenzen, den Konflikt zwischen national motivierten Politikern und globalen Aufgaben sowie die wachsende Zahl gescheiterter Staaten. (Näheres vgl. Pkt 9 Elemente verantwortbarer Weltwirtschaftsordnung.)

(c) **Samuel P. Huntington**, Professor für Politikwissenschaften und Leiter des John-M. Ohlin-Instituts für strategische Studien an der Harvard Universität, hat in seinem Buch Kampf der Kulturen,[34] die Theorie entwickelt, dass nach dem Ende des Kalten Krieges die Vormacht der Supermächte in Ost und West abgelöst werde durch eine Neuorientierung der einzelnen Staaten um kulturelle Machtzentren. Die interkulturellen Beziehungen zwischen dem Westen und den anderen Kulturen könnten sich, von unterschiedlichen Spannungen gekennzeichnet, mal friedlich mal konfliktreich entwickeln. Obwohl Huntingtons Einordnung der Staaten in sein Modell nicht für alle Weltregionen überzeugt, bleibt wohl doch sein Kerngedanke weitgehend zutreffend. Die großen Weltreligionen haben als Triebkräfte kultureller Entfaltung nach dem Zusammenbruch des Sow-

---

[33] Henry A. Kissinger, Weltordnung, München 2014, S.419 - 421

[34] Samuel P. Huntington, Kampf der Kulturen,[34] (Clash of Civilizations) die Neugestaltung der Weltpolitik im 21. Jahrhundert, München 1996

jetimperiums und der Diskreditierung des Neo-Kapitalismus in der Weltschuldenkrise deutlich an Anziehungskraft und politischer Relevanz gewonnen. Der Missbrauch von religiösem Fundamentalismus zur Begründung von Bürgerkriegen und Terrorismus, verbunden mit digitaler Kommunikation und beschleunigt durch Ölinteressen, ist zur Herausforderung für die internationale Politik geworden. Die Bürgerkriege im Nahen Osten, Afrika und Afghanistan sind - ebenso wie vom Klimawandel forcierte große wirtschaftliche Not - eine der Hauptursachen des bedrohlich anschwellenden Flüchtlingsstroms.

(d) **Gabor Steingart**[35] erläutert in Weltkrieg um Wohlstand, dass wir Zeugen seien von der Entstehung einer „neuen Topographie der Macht", durch Verschiebung des Machtzentrums nach dem zweiten Weltkrieg von Europa nach USA und heute von den USA nach Asien. Wenn es der Weltgemeinschaft nicht gelinge, eine Weltordnung zu schaffen, die von den aufstrebenden Schwellen- und Entwicklungsländern als gerecht empfunden werde, dann erscheinen ihm, angesichts knapper Ressourcen, Kriege um Wohlstand und Ressourcen unvermeidbar.

(e) Das kapitalistische Wirtschaftssystem erscheint wegen seiner ungebremsten Wachstumsorientierung mit vorwiegend kurzfristigen Gewinnzielen mit den heutigen Regeln unfähig, die 12 von Jared Diamond aufgezeigten Bedrohungen zu überwinden. D.h. die Gefahr des Kollapses erfordert ein Umdenken. Die Weltwirtschaft braucht verbindliche Regeln für Klima- und Umweltschutz sowie internationale Arbeitsrechtsstandards. Freihandelsverträge sind in der Regel das Gegenteil davon. Sie dienen primär der Erhaltung des Status quo durch völkerrechtliche Sicherung von Freiräumen für gewinnorientierte Privatinvestitionen (Zu deren Wirkung vgl. Pkt. 5.4.2).

(f) Überleitend auf die Problematik der Finanz- und Wirtschaftskrise müssen wir erkennen, dass die weltweite Spekulation gegen Unter-

---

[35] Gabor Steingart, Weltkrieg um Wohlstand, München und Zürich 2007, S. 9

nehmen, Staaten und Währungen, deren Volumen 50 bis 100 mal größer ist als das Volumen des Welthandels, das Gefahrenpotenzial großer Kriege erreicht hat, denn sie destabilisiert Staaten und Sozialsysteme. (Zur Vertiefung vgl. Global Trends 2010, a.a.O. S. 326).

(g) Der Außenpolitiker **Christoph Zöpel**[36] plädiert dafür, das bisherige System internationaler Politik, die Staatenwelt mit dem Gewaltmonopol nach innen und einem Recht zur Kriegführung nach außen, müsse durch ein politisches System der Weltgesellschaft ersetzt werden, mit globaler Regionalisierung und Gewaltenteilung. Auf Weltebene seien Exekutive und Gerichte schon vorhanden, aber es fehle die parlamentarische Legitimation. Zöpel plädiert (S. 395 ff.) für eine Stärkung der globalen Institutionen und empfiehlt einen Verantwortungsindex der Nationen (Bevölkerungszahl mal Bruttoinlandsprodukt durch 2), um den zwei wichtigsten Bestimmungsfaktoren des Ressourcenbedarfes (Bevölkerungszahl und Einkommensniveau) im internationalen Ausgleich Geltung zu verschaffen.

(h) Angst gilt zu Recht als schlechter Ratgeber. - Angst im Sinne von **Hans Jonas** als Sorge, dass großes Unheil einem anderen Menschen oder der ganzen Menschheit und der Schöpfung zustoßen könnte, erscheint berechtigt angesichts der voranschreitenden Umwälzungen in der Machtverteilung der Völker, des unzureichenden Klimaschutzes, drohender Ausbreitung von Atomwaffen sowie des gigantisch anwachsendem Rohstoffhungers der Schwellenländer mit gleichzeitiger Umweltverwüstung. Angst nach Jonas bedeutet Pflicht zur Verantwortung aus Sorge um den Fortbestand der Schöpfung. (vgl. Pkt. 1)

(i) Internet und Digitalisierung in nahezu allen Lebensbereichen schaffen eine globale Innovations- und Wettbewerbsdynamik mit außerordentlichem Rationalisierungspotential sowie großen Chancen und Bedrohungen, mit denen z.B. die Printmedien gegenwärtig rin-

---

[36] Christoph Zöpel, Politik mit 9 Milliarden Menschen in einer Weltgesellschaft, Berlin 2008, S 302 ff.

gen. Die von Politikern gepriesenen Verheißungen einer digitalen weiteren Automationswelle in Produktionsunternehmen (genannt: Industrie 4.0) bringen zunächst eine Gefährdung vieler Arbeitsplätze durch Rationalisierung. Sie lassen zugleich die Wettbewerbsvorteile von Niedriglohnländern gegenüber Hochlohnländern schrumpfen. Zahlreiche Länder sind konfrontiert mit großen Gefahren für ihre soziale und politische Stabilität.

Die Investitionsschwäche der EU (durch Stabilitätspakt und Schuldenbremse) birgt erhebliche Gefahr für Europa, international zurückzufallen.

Auf der Münchner Sicherheitskonferenz Mitte 2014 hat Helmut Schmidt auf die wachsenden Gefahren der Verführbarkeit der Bevölkerungen in verdichteten Wohngebieten sehr großer Städte durch die digitalisierten Medien hingewiesen. Viele Staaten Asiens seien auf die damit verbundenen Probleme der inneren Sicherheit keineswegs vorbereitet. – Ich gebe zu bedenken, dass auch westliche Demokratien zunehmend durch die schnelle Verbreitung verkürzter Teilwahrheiten per Handy, Internet und „skandalgeneigte" Zeitungen gefährdet sind. Einfache Lügen werden Instrument der Massenverführung.

(k) Die Größe und Komplexität der Gefahren geben Anlass zur Sorge. Wir nähern uns globalen Verhältnissen, die die Wähler nicht wollen und die Politiker nicht ändern können. Bedenken wir einige Beispiele: Die Unfähigkeit der Eurogruppe, das kleine Griechenland aus der drohenden Pleite in Richtung Wachstum herauszuführen (vgl. Pkt.8.3), der Krach um Arbeitsplätze im deutschen Braunkohlebergbau, eine 30 Mrd. €-Subvention der EU für den Bau eines Kernkraftwerks in England, Blockaden gegen den Bau von Stromleitungen in zwei Bundesländern (vgl. Pkte. 6.1 und 6.2) und die Geheimhaltung zum transatlantischen Freihandelsabkommen TTIP (vgl. Pkt. 8.5), selektive Sichtweisen der EU-Repräsentanten in der Nichterkennung der wahren Situation und Interessenlagen im Ukrainekonflikt und schließlich das zum Teil von Europa - durch kurzsichtige

Afrikapolitik - mitverursachte lange vorhersehbare Flüchtlingsdesaster (vgl. Pkt. 3.3 und 10.1) und lange vertuschte Ausrüstungsmängel der Bundeswehr und bevorstehende Beschaffung veralteter Korvetten. Diese politische Mängelliste verbietet ein „weiter so" und rechtfertigt einige Zweifel an der Professionalität und Konfliktvermeidungskunst der politisch Verantwortlichen in Europa.

(l) Das laufende Jahrzehnt könnte das Jahrzehnt der Entscheidung werden über Verständigung oder globale Katastrophe.

(m) Zur Vertiefung verweise ich auf 10 globale Trends in Stiftung für Entwicklung und Frieden (SEF) Hrsg. von Globale Trends[37],

5.2 Wirklichkeit widerlegt populäre ökonomische Theorien

Es ist notwendig, die Annahmen von Theorien und Prognosen mit Sorgfalt zu prüfen, denn viele populäre Theorien passen nicht mehr zur heutigen Wirklichkeit. Dazu gibt Gabor Steingart zu bedenken, dass die großen Nationalökonomen, die regelmäßig als Zeugen für den allgemeinen Nutzen des Kapitalismus und zur Würdigung der Mechanismen der Globalisierung zitiert werden, den Kapitalismus und die Globalisierung heutiger Prägung mit weltweitem Zugang zu E-Mail und Internet, global liberalisierten Finanzmärkten und global agierenden Großbanken und Konzernen, deren Potenzial die Finanzkraft und Gestaltungskraft vieler Staaten weit übertrifft, selbst nie erlebt haben. D.h. die Größen- und Machtverhältnisse und die Potenziale der Akteure, die Informationsdichte und die Reaktionsgeschwindigkeiten sind von ganz neuer Qualität. Deshalb kann heute ökonomisch falsch sein, was gestern als richtig anerkannt war. Wir müssen altbewährten Lehrmeinungen mit größter Vorsicht begegnen und kritisch prüfen, unter welchen Bedingungen bestimmte Theorien gelten und ob diese Bedingungen heute gegeben sind.

---

[37] Stiftung für Entwicklung und Frieden (SEF) Hrsg. von Globale Trends, Frankfurt/M 2010, S.12 -18.

Der schottische Moralphilosoph und Nationalökonomen **Adam Smith** (1723 – 1790) veröffentlichte 1776, dem Jahr der Unabhängigkeitserklärung der USA, sein berühmtes Werk **The Wealth of Nations**, in dem er die Theorie verkündet, dass jeder bei der Verfolgung eigennütziger Interessen im Rahmen des Sittlichen, wie von unsichtbarer Hand geleitet, gleichzeitig dem Gemeinwohl diene. Außerdem erläuterte er am Beispiel der Fertigung von Stecknadeln die Steigerung der Produktivität durch industrielle Arbeitsteilung. Ökonomen und Politiker, die sich noch heute auf Adam Smith berufen, verkennen, dass der Einsatz der Marktmacht von Oligopolen und anderen Großkonzernen sowie computergestützte weltweite Turbospekulation und andere skrupellose Aktivitäten, die Helmut Schmidt als Raubtierkapitalismus geißelt, nicht als Beachtung des Sittlichen gelten können, von dem Adam Smith gesagt hat, dass jeder von der Wahrnehmung seiner Interessen absehe, wenn dadurch einem anderen Schaden zugefügt werde. Die Lehren von Adam Smith gelten also nicht für die heute verbreiteten Verstöße gegen das Sittliche, bei denen allzu oft der Vorteil des Einen zum Nachteil vieler anderer wird. Ohne die Beachtung unterschiedlicher Marktformen, die erst später durch Walter Eucken (1891 – 1950) eingeführt wurden, sind die Übervereinfachungen von Smith zur Erklärung der modernen Wirklichkeit weitgehend ungeeignet. Das zeigt auch der Fehlschlag zahlreicher Privatisierungen, z.B. des deutschen Strommarktes, der bisher von wenigen Oligopolen dominiert wird, sowie die skrupellose Plünderung von Rohstoffen durch Komplizenschaft von Großkonzernen und korrupten Regierungen, besonders in Afrika, z.B. im Kongo, in Nigeria, in Angola und im Sudan, ohne verantwortliche Wahrung der Menschenrechte der lokalen Bevölkerung. Auch das Lohndumping in Ländern wie China und Deutschland (in vielen Leiharbeitsverträgen) sind deutliche Verstöße gegen das Sittliche, das Smith als die Voraussetzung dafür postuliert hat, dass eigennützige Aktivität zugleich dem Gemeinwohl dient.

Der zweite bedeutende britische Nationalökonom, dessen Theorie unter bestimmten Bedingungen logisch ist, die nur leider von der Geschichte mit großer Wucht als einseitige Begründung zur Rechtfertigung kolonialer Aktivitäten widerlegt wurden, ist **David Ricardo** (1772 – 1823). Seine **Theorie der komparativen Kosten** wird noch heute immer wieder als Beleg zitiert, wenn nationalistische Außenwirtschaftspolitik als zum allgemeinen Nutzen aller Völker gepriesen werden soll. Die Theorie besagt, dass es den Nutzen beider Staaten mehre, wenn zwei Staaten sich jeweils auf die Herstellung des Produktes konzentrieren, für dessen Herstellung das Land über komparative Kostenvorteile verfügt. Ricardo rechnet am Beispiel von Baumwollproduktion in England und Weinproduktion in Portugal vor, dass bei jeweiliger Spezialisierung der Produktion eines Landes auf das Produkt, das in diesem Land am kostengünstigsten hergestellt werden kann, im Endeffekt beide Länder ein höheres Einkommen erzielen.

Diese berühmte Theorie von Ricardo hat sich gut bewährt, die Ausbeutung der Kolonien durch die Kolonialmächte des 19. Jahrhunderts zu legitimieren. Inzwischen muss allgemein anerkannt werden, dass die Kolonien als Lieferanten von Rohstoffen systematisch von Bildung und technischem Fortschritt abgekoppelt und über mehr als hundert Jahre benachteiligt wurden. Ricardos Theorie ist zwar rechnerisch und kurzfristig in Ordnung, als Rechtfertigung moderner Ausbeutungspraktiken ist sie in erster Linie ein Verhängnis für den Schwächeren und eine Verschleierungshilfe für die Verweigerung fairer Partnerschaft und eine Mitursache für Unterentwicklung (Beispiel: Näherinnen in Bangladesch). Die Verschiebung der realen Austauschverhältnisse zu Gunsten der Industrieländer veranschaulicht dies überzeugend. (Beispiel: Ein Kakaobauer musste 1950 für einen VW den Kakao für 4.000 Tafeln Schokolade liefern. Heute muss er für ein vergleichbares Auto den Kakao für 10.000 - 16.000 Tafeln Schokolade liefern. Damit hat sich seine Kauf- und Investitionskraft gravierend auf etwa ein Viertel verschlechtert. Der Schokoladenkäufer bei arko, Aldi oder REWE weiß davon nichts.)

Viele Experten haben geglaubt und gesagt, die Finanz- und Wirtschaftskrise von 2008 habe die liberale und neoliberale Wirtschaftstheorie und Wirtschaftspolitik widerlegt, diskreditiert und endgültig überwunden. Dennoch dominieren ihre Prinzipien immer noch die Austeritätspolitik (Sparpolitik) der Eurozone und die Regeln des Weltwährungsfonds. Das muss als Reformbedarf im Folgenden klar werden.

Einige deutschsprachige Nationalökonomen (wie z.B. **List, Marx** und **Schumpeter**) dachten weniger quantitativ vom Markt her sondern vielmehr geschichtsphilosophisch in historischen Prozessen. Werfen wir zunächst einen „unpopulären" Blick auf die Essentials der Lehre von **Karl Marx** (1818 – 1883).

Er sagte, der materielle Unterbau bestimme den geistigen Überbau und formulierte folgende aus der Beobachtung der Wirtschaftsgeschichte des 19. Jahrhunderts abgeleitete Theorie. Sie besagt, dass die Kapitaleigentümer vom erwirtschafteten Mehrwert den Arbeitern einen gerechten Anteil vorenthalten. Dass aus den überhöhten Gewinnen ein Konzentrationsprozess in Gang komme, in dem große Unternehmen die kleinen aufkaufen (er hat wohl geahnt, dass Tante-Emma-Läden gegen die Brüder Aldi keine Chance haben). Die in die Pleite gedrängten Kleinunternehmer vergrößern - nach Marx - das Heer der Arbeitslosen. Und deren ständig wachsende Zahl führt endlich dazu, dass die Quantität der Protestierenden in Qualität umschlägt. Es kommt zur Revolution mit der Enteignung der Enteigner durch die Enteigneten (Expropriation der Expropriateure durch die Exproprierten). Gegenwärtig verlieren Kleinbauern in Afrika mit minimalen oder ohne Entschädigungen ihren Grund und Boden und ihre Existenz an überseeische Großunternehmen (z.B. aus Indien). In Spanien und Griechenland fürchten arbeitslose Familien die Zwangsversteigerung ihrer Häuser, weil sie den Kapitaldienst für ihre Kredite nicht mehr bezahlen können. Das hellsichtige Bild von Marx ist nicht wirklich überholt, sondern in Armutsregionen Südeuropas, Afrikas und Asiens leider aktuell. - Kritisch ist allerdings anzumerken:

Marx hat nicht die Gründung von Gewerkschaften als Stabilisator des Arbeitskampfes und nicht die Objektivität angestellter Manager ohne eigenes kurzfristiges Gewinnmaximierungsinteresse vorhergesehen. Eine Tugend, die inzwischen in Konzernen unter dem Druck der Finanzmärkte verloren ging, und der Wiederbelebung bedarf.

Damit komme ich zu dem Österreicher **Josef A. Schumpeter** (1883 – 1950), der zu Recht den Unternehmer als Initiator von Innovation und Motor der modernen Industriegesellschaft benannt hat. Er hat zutreffend von dem eisigen Wind der schöpferischen Zerstörung gesprochen, der weht, wenn neue leistungsfähigere Technologien alte verdrängen und dabei in ungewisser Zahl neue Arbeitsplätze entstehen und alte vernichtet werden.

Unter dem Druck der Industrialisierung gelang dann dem Engländer **John Maynard Keynes** (1883 – 1946) mit seiner General Theory on Employment, Interest and Money der Durchbruch zur modernen quantitativen Makroökonomie. Als Kritik an der gegenwärtigen investitonshemmenden (neoliberalen) Sparpolitik der EU ist erwähnenswert, dass Keynes nach dem ersten Weltkrieg die Verhandlungen über den Versailler Vertrag unter Protest mit dem Argument verlassen hat: Die Deutschland auferlegten Reparationsleistungen seien nicht realisierbar und trügen damit in sich die Ursachen für einen neuen Krieg. Nach dem tatsächlich eingetretenen zweiten Weltkrieg hat Keynes in Bretton Woods an der Schaffung der Bretton Woods-Institute zur Neuordnung der Nachkriegswirtschaft mitgewirkt.

Volkswirtschaftliche Prozesse sind das Ergebnis vieler individueller Einzelentscheidungen. Zu ihrer Erklärung und Beeinflussung muss man vereinfachende Annahmen treffen und die Wirklichkeit mit Denkmodellen erklären. Das Denkmodell der klassischen

Volkswirtschaftslehre basiert auf der Annahme, dass alle Marktteilnehmer rational handeln (was falsch ist) und, dass der vollkommene Markt automatisch Gleichgewicht zwischen Angebot und Nachfrage herstelle, weil die Preise bei einem Überangebot solange sänken und bei einer Übernachfrage solange stiegen, bis beim Gleichgewichtspreis Angebot und Nachfrage gleich seien, also Gleichgewicht entstehe. Dies gelte gleichermaßen auf dem Güter-, Geld- und Arbeitsmarkt.

In ihrem **Marktmodell** machen die Klassiker folgende Annahmen, die weitgehend von der Wirklichkeit widerlegt, also falsch sind:

(1) **Vollkommene Information**: Alle Marktteilnehmer müssen vollständig informiert sein über Angebot, Nachfrage und Preise weltweit. Alle Produkte einer Gruppe also Brot, Autos oder Wohnungen auch Arbeitsplätze sind innerhalb ihrer Gruppe austauschbar, weil gleich.

(2) Es besteht **vollständiger Wettbewerb:** Es gibt keine marktbeherrschenden Unternehmen, Konzerne und Oligopole oder Großkunden wie z.B. die Bundeswehr. Es gibt weder Marktmacht großer Discounter noch Landraub durch Staaten.

(3) **Vollständige Flexibilität von Angebot und Nachfrage:** Die Güterpreise, Zinsen und Löhne sänken oder stiegen abhängig von Angebot und Nachfrage. Es gebe weder Preisbindung noch Tarifverträge. Es gebe keinen Wassermangel oder Hunger in Indien, Afrika oder Südeuropa. Bei Knappheit stiegen die Preise für Wasser oder Lebensmittel bis die Nachfrage auf das Angebotsniveau gesunken sei, weil die Armen den Gleichgewichtspreis nicht zahlen können und aus dem Markt ausscheiden. Sind Sie noch für Biodiesel und die Privatisierung von Wasserwerken? Bei Arbeitslosigkeit sinken die Löhne soweit bis wieder alle Arbeit finden. Sozialabbau und Lohnkürzungen sollen in Südeuropa die Wettbewerbsfähigkeit im Export steigern.

(vgl. unten Fazit 14 und 15) In Wirklichkeit brechen durch Insolvenz vorher Betriebe in großer Zahl zusammen.

(4) **Dank voller Mobilität herrscht Vollbeschäftigung im Gleichgewicht von Angebot und Nachfrage:** Es gibt keine Arbeitslosigkeit (so die Theorie), denn ein Arbeitsloser aus Hamburg wechselt bereitwillig auf einen schlechter bezahlten freien Arbeitsplatz in Neapel oder ein Arbeitsloser aus Tunis wechselt ungehindert auf einen besser bezahlten Arbeitsplatz in München. Jeder kann jederzeit überall in beliebiger Höhe Kredit erhalten. Es gibt keine Zwangsversteigerungen von Wohnraum, wegen Zahlungsunfähigkeit der Mieter (wie z.B. in Spanien), denn jeder kann sich gegen jedes Risiko versichern.

(5) **Das Gleichgewichts-Einkommen** <u>entsteht</u> bei der Herstellung von Gütern für den Konsum und Investitionen und wird <u>verwendet</u> für Konsum und Sparen. Die Banken vermitteln die Spareinlagen als Kredite an Investoren. Ein einleuchtendes Bild. In guten Zeiten erfreut es jeden und jeder ist bereit, die erkennbaren Abweichungen von der Wirklichkeit gering zu achten. In großen Krisen wird solche Unachtsamkeit aber gefährlich und unzulässig.

In der Sozialen Marktwirtschaft hat Deutschland wie andere europäische Länder durch Sozialversicherung und Kartellrecht mit Verbot von Preisabsprachen wesentliche Schwächen der freien Marktwirtschaft überwunden oder eingedämmt. Allerdings erlaubt die Globalisierung durch Lohndumping, Privatisierung staatlicher Funktionen und Liberalisierung des internationalen Kapitalverkehrs vielen sozial gesicherten Wohlstandsbürgern die Nutzung von Gütern und Diensten, die hergestellt und geleistet werden in Ländern mit Sklavenarbeit. Daraus folgt offen erkennbar ein wichtiger Reformbedarf. (vgl. Pkt. 5.5. und 8.2)

Joseph Stiglitz begründet in seinem Buch[38] Im Freien Fall das Scheitern des neoklassischen Modells damit, dass unzutreffende Annahmen wichtige Probleme außer Acht lassen. - Wirklichkeitsfern vernachlässigt werden:
- Wettbewerb verändernde unvollkommene Information
- Oligopolstrukturen mit Machtvorsprung von Großunternehmen
- Arbeitslosigkeit, insbesondere vieler junger Menschen in Südeuropa, oft mit Armut, Perspektivlosigkeit und folglich Ablehnung der EU
- Unterschied zwischen Fremd- und Eigenkapital, mit Haftung des Eigenkapitals für unternehmerische Risiken
- Finanzierungsengpässe durch Kreditverweigerung, mit Behinderung von Investitionen, besonders in Krisenländern
- Lohndumping und exzessive Managereinkommen bis zum Tausendfachen des durchschnittlichen Arbeitnehmerlohns
- von Unternehmen verursachte nicht gedeckte Kosten der Allgemeinheit durch Umweltzerstörung.

Das Ignorieren dieser Denkfehler, das Schönreden von gigantischen Ungleichgewichten im internationalen Handel, schamlose Bereicherung einiger Manager, kaum geahndete Betrügereien und Steuersparexzesse von Großunternehmen beschädigen das Gemeinwesen. Die Wahl von Donald Trump zum Präsidenten der USA und der Zulauf zu europafeindlichen Parteien in der EU sind vor allem Protest gegen die neoliberale von Deutschland dominierte Sparpolitik, die in Europa der Jugend schadet, weil sie Arbeitsplätze schaffende Investitionen in Bildung, Innovation und Infrastruktur behindert, langfristig Europas Position in der Welt gefährdet, und durch Spaltung der Gesellschaft schon bei den kommenden Wahlen den Zerfall der EU mitverursachen kann. Europa braucht mehr Demokratie für andere, sozialere Politik. (vgl. 5.3, Fazit 14 und 26)

---

[38]Vgl. Joseph Stiglitz, Im Freien Fall, München 2010, S. 306 - 324

5.3 Die glänzende und die dunkle Seite unseres Außenhandels
Drei Tatsachen gelten für Ökonomen als gesicherte Erkenntnis:
(1) Importüberschussländer sind Länder, die regelmäßig mehr importieren, als sie exportieren. Dieses sogenannte Außenhandelsdefizit bedeutet, es werden im Inland Güter verbraucht für Investitionen oder Konsum ohne entsprechende heimische Beschäftigung, also auch ohne Einkommen. Die Einkommen entstehen im Herkunfts-, Exportüberschussland. Die Regierung des Importlandes muss dieser Beschäftigungslücke durch Projekte entgegenwirken oder Arbeitslosenunterstützung finanzieren, d.h. die Regierung eines chronischen Importüberschusslandes hat Zusatzausgaben, während gleichzeitig die Einkommensteuereinnahmen sinken. Es entsteht also ein Defizit im Staatshaushalt (deficit spending). Vor diesem Phänomen des „doppelten Defizits" in der Handelsbilanz und im Staatshaushalt hat Joseph Stiglitz in seinem Buch Chancen der Globalisierung gewarnt.

Ein Land, das, wie die USA, ständig Importüberschüsse hat, erleidet eine stetig wachsende Verschuldung gegenüber dem Ausland. Eine solche Auslandsverschuldung für Importe von Konsum- oder unproduktiven Rüstungsgütern (z.B. für U-Boote und Panzer in unsinniger Menge, wie im Fall Griechenland) ist der schlechteste Fall (worst case).

Die Schuldnerländer können ihre Schulden nur bezahlen, wenn sie eines Tages das Blatt wenden und Exportüberschüsse erzielen. Um diese zu erreichen, müssen Exporte durch Kostensenkungen (Rationalisierungsinvestitionen) und/oder Währungsabwertung billiger werden und zusätzliche Exportmärkte geschaffen werden. Das bedeutet, eine regelmäßige Kreditgewährung zur Finanzierung von chronischen Importüberschüssen ist in der Regel ein spekulativer Akt. Der Zusammenbruch eines solchen Systems muss als Regelfall und logische Folge fahrlässiger Kreditvergabepraxis erwartet werden. Dazu schreibt der ehemalige Chefvolkswirt der Weltbank Joseph Stiglitz[39]: „Dem Schuldnerland wird häufig vorgeworfen, es habe sich zu hoch verschuldet, dabei trifft die Gläubiger mindestens eine Mitverantwortung. Sie gewähren viel zu hohe Kredite und prüfen nicht sorgfältig genug, ob das Schuldnerland zur Rückzahlung überhaupt in der Lage sein wird. Entwicklungsländer sind arm; sie sind eine leichte Beute für alle, die Kredite vergeben wollen."

Wenn z.B. deutsche und französische Banken, unter Außerachtlassung der in Geschäften erforderlichen Sorgfalt (nach BGB 376 fahrlässig) für den Ausfall der von ihnen gewährten Kredite nicht (nach goldener Bankregel) genügend Eigenkapital oder Versicherungen vorhalten, dann wird die Tilgung von unbezahlbar gewordenen Krediten durch Staaten, zu Lasten ihrer Steuerzahler, in erster Linie Bankenrettung nach Missmanagement. Dadurch sind die Staatsschulden in die Höhe geschossen. In der Absicht, die Exporte der Krisenländer zu steigern, wurde diesen vom Weltwährungsfonds und Brüssel ein Spardiktat mit Einkommenskürzungen und Sozialabbau auferlegt. D.h. zur Rettung fahrlässiger Großbanken wurde im Süden der EU Wachstum und bescheidener Wohlstand vernichtet. Diese angeblich alternativlosen Sparauflagen sind auch Einschränkung demokratischer Souveränität. Das fördert nicht die Sympathie für die EU und ihre Institutionen.

(2) <u>Exportüberschussländer</u> sind Mitverursacher des obigen doppelten Defizits. Der Präsident des Ifo-Instituts Sinn hat geraten, Deutschland solle lieber Schulen bauen, anstatt mit späterem Schuldenerlass unbezahlte Exportüberschüsse zu verschenken. - Vernunft und Rechtslage werden missachtet. <u>Art. 109 GG</u> verpflichtet Bund und Länder zur Einhaltung von Haushaltsdisziplin und in diesem Rahmen den Erfordernissen des gesamtwirtschaftlichen Gleichgewichts Rechnung zu tragen. Die für das gesamtwirtschaftliche Gleichgewicht zu treffenden Maßnahmen definiert das <u>Stabilitätsge-</u>

---

[39] Joseph Stiglitz, Die Chancen der Globalisierung, München 2008, S. 266

setz vom 8.6.1967 (BGBl I 598): Sie müssen so getroffen werden, dass sie im Rahmen der marktwirtschaftlichen Ordnung gleichzeitig zur Stabilität des Preisniveaus, zu einem hohen Beschäftigungsstand und außenwirtschaftlichem Gleichgewicht bei angemessenem Wirtschaftswachstum beitragen (magisches Viereck).[40] Abschließend sei darauf hingewiesen, dass <u>Keynes</u> vorgeschlagen hat, Außenhandelsüberschüsse zu besteuern, weil Sie zu Ungleichgewichten im Außenhandel beitragen und in Grenzen gehalten werden sollten.

<u>Anhaltend wiederkehrende Importüberschüsse</u> generieren zunehmend <u>Insolvenzgefahren</u>, weil zur Bezahlung der Importe die Einkommen fehlen, die im Exportland bei ihrer Herstellung anfallen.

(3) <u>Exportüberschüsse</u> führen (z.B. in China und der Bundesrepublik) zu wachsenden Auslandsguthaben. Die Länder mit ständigem Exportüberschuss werden zu internationalen Gläubiger-Ländern. Das ist einerseits ein Zeichen ökonomischer Stärke, aber andererseits zum <u>Nachteil für heimische Investitionen</u>. Es entstehen Einkommen, die weder für Konsum, noch für Investition genutzt, sondern gespart werden. Es entsteht wegen der Geldhortung für die Reservewährung eine latente Gefahr von Inflation, die den Wert der Reserven eines Tages schmälern kann.

---

[40] Gablers Wirtschaftslexikon Stichwort Stabilitätsgesetz

5.4 Institutionen und Maßnahmen der Weltwirtschaft

5.4.1 Die Bretton Woods Institute: Weltwährungsfonds (IMF) und Weltbank (IBRD)

Die Aufgaben habe ich in Pkt. 3.3, S. 18, skizziert. Diese Institutionen sind **neben der UNO und der Welthandelsorganisation (World Trade Organization WTO) wichtige Vorstufen zu einer friedenssichernden Weltregierung.** Da die Höhe der Stimmrechte durch die Höhe der Einlagen bestimmt wird, können die USA und die Europäer seit der Gründung nach dem 2. Weltkrieg regelmäßig Entscheidungen zu ihren Gunsten durchsetzen. Angesichts systematischer Benachteiligung der Entwicklungsländer und angesichts wachsender Bedeutung der Schwellenländer (wie China, Brasilien und Südafrika) sind **Reformen dieser Institutionen dringend erforderlich.**

Diese kritische Aussage bedarf wegen großer Verdienste von IMF und IBRD und WTO der folgenden Begründung.

(1) Wir erinnern uns: Ein Land mit offener (international verflochtener) Wirtschaft kann **in Fremdwährung zahlungsunfähig** werden.

(2) Um dieses zu vermeiden, muss ein Land mit offener Wirtschaft eine **ausgeglichene Handelsbilanz anstreben**, d.h. zur Bezahlung seiner Importe durch Exporte mindestens den entsprechenden Wert in frei umtauschbaren (konvertierbaren) fremden Währungen erwirtschaften.

(3) Das Währungssystem vor dem 2. Weltkrieg war gekennzeichnet durch feste Wechselkurse zum US-Dollar und die Zusage der USA, jeden Dollar jederzeit zu einem festen Kurs in Gold umzutauschen. Das System hieß deshalb **"Goldstandard"**.

(4) Die durch den Koreakrieg stark gewachsenen Schulden der USA führten erst 1973 zur Abschaffung des Goldstandards und einer Aufwertung der 1944 in Bretton Woods unter Mitwirkung von Keynes von 44 Ländern vereinbarten und 1946 in Kraft getretenen Ver-

träge über die Schaffung **des Weltwährungsfonds (IMF) und der Weltbank (IBRD)**. Der IMF erhielt die Funktion, seinen Mitgliedern bei internationalen Zahlungsschwierigkeiten mit Währungskrediten aus Einlagen seiner Mitglieder zu helfen. Der Weltbank wurde die Funktion zugewiesen, Wiederaufbaukredite für Investitionen zu gewähren. Beide Institute haben sich lange Jahre bewährt. Sie sind allerdings heute beide nicht mehr voll zeitgemäß. Die Weltbank hat eine Reihe umweltschädlicher u. menschenfeindlicher Großprojekte finanziert. **Der IMF ist durch drei Mängel in die Kritik geraten:**

- Er hat durch Auflagen, zu Lohnsenkung und Sozialabbau zur Exportförderung durch Kostensenkung, einigen Ländern (z.B. Argentinien) in Finanzkrisen lang wirkenden Schaden zugefügt.
- Er hat mit solchen schädlichen Auflagen für Entwicklungsländer die Rückzahlung von Krediten privater insbesondere US-Banken erreicht.
- Er hat sich im Interesse von Kapitalanlegern massiv im Sinne des USA-freundlichen Washington Konsensus (Privatisierung staatlicher Institutionen) eingesetzt und gravierende Fehlentwicklungen durch Privatisierung originär staatlicher Verantwortungsbereiche (insbesondere kommunaler Vorsorge) mitverursacht.

(5) **Als Antwort auf die Dominanz der Westmächte im IMF-**Management (heute ist Mme. Lagarde, die frühere französische Finanzministerin, Präsidentin des IMF) haben zahlreiche Länder eigene (frei konvertierbare) Währungsreserven angesammelt, um bei Außenhandelsproblemen zahlungsfähig und unabhängig von Auflagen des IMF zu bleiben. Als sogenannte Reservewährungen haben sich der US-Dollar und in geringerem Maß zunächst DM und heute zunehmend Euro bewährt. Dieses System national gehaltener Währungsreserven hat neben dem Vorteil der Unabhängigkeit vom IMF eine Reihe wesentlicher Schwächen, die ich in Pkt.5.5.1 behandele. Brasilien, China, Indien, Russland und Südafrika haben deshalb 2014

richtungsweisend einen eigenen Währungsfonds gegründet und damit die obigen Ausführungen bestätigt.

Fazit 14: Die EU spart ihren Süden und ihre Zukunft kaputt
Lehndorff schildert in Spaltende Integration,[41] am Beispiel Spaniens die Folgen der Investitonen hemmenden Sparpolitik mit den Worten:
- „Durch die Ausbreitung sozialen Elends ging die Nachfrage nach importierten Gütern zurück; gleichzeitig sanken die Löhne so stark, dass die preisliche Wettbewerbsfähigkeit der Industrie besser wurde. So kann heute die Trendwende von einer chronisch defizitären Leistungsbilanz zu einem leichten Exportüberschuss als Erfolg der Reformen verkauft werden.
- Zugespitzt formuliert: Was wir heute in einigen europäischen Ländern beobachten können, ist Aufschwung durch Verarmung. Dies aber ist ein Weg, der ein Land *langfristig* auf Jahrzehnte hinaus prägt. Flurschäden zu erzeugen geht schnell, sie zu beseitigen dauert lange. Denn entwertet und brachgelegt wird das wichtigste Fundament jeder Volkswirtschaft, die menschliche Produktivkraft."
- Zerstört werden Klein-und Kleinstunternehmen, die in den Ländern der EU einen wesentlichen Teil des politisch und ökonomisch tragenden Mittelstandes mit hoher Motivation und professionellem Know-how ausmachen.

Diejenigen, die bisher für Vertrauen, faire Partnerschaft, und Solidarität unter Nachbarn gearbeitet haben, müssen deutlich machen, dass Europa der **Kooperation mit Solidarität** bedarf. Der Vergleich mit der „schwäbischen Hausfrau" gehört zu den unzulässigen Übervereinfachungen von gestern (siehe A. Smith und D. Ricardo). Ohne den Geist von Verantwortung und Solidarität gilt weiter ein Wort

---

[41] S. Lehndorff, Spaltende Integration, Der Triumpf gescheiterter Ideen in Europa, Hamburg 2014, S. 20

von Helmut Schmidt, dass Europa immer dann gelitten habe, wenn Deutschland stark war, mit geringer Chance auf eine einige Zukunft.

Trotz des Reformbedarfes des IMF haben Helmut Schmidt und Horst Köhler empfohlen, dem IMF die **Ausarbeitung des Regelwerkes und die Kontrolle eines zukünftigen reformierten Weltfinanzsystems** zu übertragen. Nach meiner Meinung wegen des dort vorhandenen Know-hows richtig und notwendig. Das ist jedoch nicht erfolgt.

5.4.2 Wirkung internationaler Privatinvestitionen

Als Investition bezeichnet man generell die Umwandlung von liquidem Geld in eine weniger liquide Anlage (z.B. Finanzanlagen, Immobilien oder Produktionsanlagen), mit dem üblichen Ziel, daraus laufend und/oder bei späterer Veräußerung einen Gewinn zu erzielen. Im Ost-West-Wettkampf der Systeme galt folgendes Argument: Das Streben der Kapitaleigentümer nach maximalem Gewinn sei nicht unmoralisch, weil ein langfristiges Gewinnmaximum angestrebt werde. Und dieses langfristige Ziel verbiete exzessive Maxima, die Kunden und Mitarbeiter verprellen würden. Gegen dieses Gebot der Langfristigkeit verstößt das gegenwärtige weltweit computerisierte hoch spekulative Finanzsystem unter ständiger Außerachtlassung von Anstand und Verantwortung für das Gemeinwohl. Es geht darum, zu erkennen, welche internationalen Privatinvestitionen einen Beitrag zur positiven Entwicklung im Gastland oder im Heimatland leisten, und welche, wegen Verstoßes gegen Interessen des Gastlandes oder gegen die Menschenrechte und Verstrickung in Korruption, kritisiert werden müssen.

Positive Beispiele:

Automobilfabriken und Zulieferwerke von Mercedes und Volkswagen in Südafrika, von Volkswagen in China und Volkswagen und Ford in Brasilien oder Büromaschinenfabriken in Russland, Irland, Mexiko und im früheren Jugoslawien. Sie sollen und können den Wegfall von Arbeitsplätzen im Heimatland in der Regel durch die folgenden langfristigen positiven Effekte kompensieren:

- Sicherung verbleibender Arbeitsplätze durch Erschließung ausländischer Absatz- und Beschaffungsmärkte für das investierende Produktionsunternehmen, d.h. Stärkung der realen Wirtschaft im Heimatland
- Kostensenkung und Wettbewerbsvorteil im Heimatland für bestimmte Produkte, die im Heimatland unter Kostendruck nicht mehr marktgerecht hergestellt werden können
- Schaffung von Arbeitsplätzen, Einkommen, Ausbildung und Sozialleistungen im Gastland, mit Respekt bei Entscheidungsträgern
- Internationale technische Kooperation, Know-how-Transfer und Partnerschaft mit Sicherung von Marktanteilen im Gastland
- Zusätzliche Steuereinnahmen im Gastland für Infrastruktur- und Bildung.

Auslandsfabriken bilden in Verbindung mit deutschen Vertriebs-Tochtergesellschaften im Ausland eine wichtige Grundlage der deutschen Exportstärke. Das gilt selbstverständlich trotz mancher Fehlschläge z.B. bei dem Kamerahersteller Rollei in Fernost, wo Schwierigkeiten zu einem Rückzug führten. Die genannten positiven Effekte müssen stets verantwortungsvoll gegen mögliche Nachteile des Arbeitsplatzabbaus abgewogen werden (s.u.).

Negative Beispiele:
<u>Sell and lease back</u>, der Verkauf kommunaler Einrichtungen an Investoren mit anschließendem Zurückleasen ist eine skandalöse Fahrlässigkeit, denn kurzfristige Liquiditätsverbesserung gegen anschließende Kostensteigerung ist und bleibt bekanntlich eine betriebswirtschaftliche Torheit, begleitet von Preisgabe von Unabhängigkeit (z.B. verkaufte Dresden seine Sozialwohnungen und

zahlreiche deutsche Kommunen verkauften ihre Schwimmbäder und Kanalisation an ausländische Investoren). Weitere Beispiele sind:

- <u>Standortwettbewerb,</u> z.B. Steuervorteile und Zuschüsse in EU-Ländern als Verlagerungsgrund von einem EU-Land in eine anderes halte ich für nicht sinnvoll und nicht akzeptabel.
- <u>Shell in Nigeria</u> und BP im Golf von Mexiko ruinieren die Umwelt des Gastlandes und verletzen Menschenrechte in der Region.
- <u>Belgien, China und andere rauben</u> dem Kongo Kupfer, Diamanten und Uran ohne angemessenen Preis (Herz der Finsternis, Joseph Conrad).
- <u>Total gewinnt Öl in Angola</u> in korrupter Komplizenschaft mit Regierungscliquen ohne Beachtung der Interessen und Menschenrechte der heimischen Bevölkerung.
- <u>Berüchtigte Leergeschäfte mit Staatspapieren,</u> die Spekulanten auf Termin verkaufen, ohne diese bei Geschäftsabschluss in ihrem Eigentum zu haben, verschärfen die Instabilität des Weltfinanzsystems mit gravierenden Folgen für die Realwirtschaft und die Sozialsysteme. Darunter leidet die 3.Welt, (z.B. Afrika) heftig.
- <u>US-Banken finanzierten in den 70er Jahren in großem Stil den privaten Wohnungsbau in Argentinien.</u> Das erschien den Hypothekennehmern unproblematisch, weil der argentinische Peso einen festen Wechselkurs zum US-Dollar hatte. Durch Einführung freier Wechselkurse wurden besonders Hausbesitzer des Mittelstandes in die Armut getrieben, weil sie ihre Dollarschulden nicht mehr bezahlen konnten und ihre Vermögen verloren, Folge unverantwortbarer Währungspolitik der argentinischen Regierung und fahrlässiger Kreditvergabepraxis US-amerikanischer Banken.

5.4.3 Wirkung von Fiskal- und Geldpolitik auf die Konjunkturentwicklung

Es besteht die Erfahrung, dass die Entwicklung der Marktwirtschaften zyklisch verläuft, d.h. dass die Konjunktur, gekennzeichnet durch Angebot und Nachfrage nach Gütern und Diensten, Schwankungen unterliegt. Staat und Notenbank arbeiten zur Dämpfung dieser Schwankungen unabhängig, aber abgestimmt zusammen. Dabei bedienen sie sich folgender Werkzeuge:

Der Staat kann mit Fiskalpolitik die Konjunktur stimulieren durch einen defizitären Haushalt, z.B. durch Ausgabenerhöhung und/oder Steuersenkungen sowie zusätzliche Subventionen. Die umgekehrten Maßnahmen wirken konjunkturdämpfend.

Die Notenbank, für den Euro-Raum die EZB, kann mit drei Instrumenten der Geldpolitik die Konjunktur beleben:
- Sie kann durch Diskontpolitik, d.h. Senkung des Diskontsatzes für Vorfinanzierung (Ankauf) von Handelswechseln die Refinanzierungsmöglichkeiten der Geschäftsbanken verbilligen.
- Sie kann durch Offenmarktpolitik, d.h. den Ankauf von Wertpapieren die Liquidität der Banken erhöhen.
- Sie kann durch Mindestreservepolitik, d.h. durch Senkung des Anteils des Kreditvolumens, den Geschäftsbanken bei der Notenbank als Reserve hinterlegen müssen, den Kreditvergabespielraum der Geschäftsbanken erweitern. Eine Mindestreserveerhöhung galt vor der globalen Liberalisierung der Kapitalmärkte als wirksamstes Instrument zur Inflationsbekämpfung und Reduzierung einer Konjunkturüberhitzung. Die Möglichkeit, auf liberalisierten internationalen Kapitalmärkten Kredit aufzunehmen, nimmt diesem Instrument von Nationalbanken seine Wirkung.

Die Hauptaufgabe der von der Politik formal unabhängigen EZB ist die Erhaltung der Wertstabilität des Euros mit der Bedingung, die wirtschaftspolitischen Ziele der Regierungen zu unterstützen.

Der Leser sieht sofort, dass die Offenmarktpolitik, durch An- und Verkauf von Staatsanleihen (Papieren) zugleich die Finanzierungsmöglichkeiten der Staaten beeinflusst. Die Rechtmäßigkeit von Anleiheankäufen durch die EZB ist unbestreitbar (vgl. Pkt. 8.2.).

Nach Aufhebung der Goldbindung des US-Dollar in der 2. Hälfte der 70er Jahre haben die USA durch hohe Zinsen den US-Dollar international als Reservewährung attraktiv gemacht und gehalten und so die wachsende Auslandsverschuldung der USA ermöglicht.

(2) Nach der Finanzmarktliberalisierung im Immobilienboom und nach dem Anschlag auf das World Trade Center hat die US-Notenbank FED durch Minimalzinsen die Konjunktur am Laufen gehalten, und die europäischen Exportländer und China haben davon durch hohe Exportüberschüsse stark profitiert. Die Aussage von Frau Merkel, die Leistungsbilanz der EU mit den USA sei ausgeglichen, ist falsch. Die EU hat strukturelle Exportüberschüsse mit den USA in einer Größenordnung bis zu jährlich 100 Mrd. Euro in 2014 (Quelle GTAI). Die USA müssen versuchen, diese Schieflage zu korrigieren. Für die USA ist zweifellos die Rückholung verlorener Arbeitsplätze das logische Ziel ihrer Außenwirtschaftspolitik. Wer davon abstrahiert, verkennt die US- Interessen.

5.4.4. Defekte der Eurozone verschärfen Divergenzen (n.Stiglitz)
Folgenden Fall halte ich für denkbar: Ein Strategieberater in China, Russland oder den USA könnte seinen Präsidenten warnen, die EU sei ein unsicherer Partner, denn sie könne in nicht allzu ferner Zukunft kollabieren (das gelte besonders, wenn man etwas nachhelfe). Dafür könnte er folgende Begründung mit Fakten belegen: Mitgliedsländer des Nordens, besonders Deutschland, arbeiten mit Hingabe, weitgehend auf Kredit, für den Export an Mitgliedsländer des Südens. Die Länder des Südens schätzen die Waren des Nordens (z.B. Autos, Waffen und Konsumgüter). Mit den Krediten wüchsen im Süden die Arbeitslosigkeit und die Schulden. Es gebe keine gemeinsame Wirtschafts- und Fiskalpolitik.

Stattdessen gewähre die Europäische Zentralbank immer neue Kredite gegen nationale Schuldverschreibungen (ca. 60 Mrd. € monatlich). Das erfreue Banken, aber schaffe im Süden keine Arbeitsplätze. Das System Euroland mache auf diese Weise die Stärkeren reicher, und die Schwächeren ärmer. Die Wohlhabenden und Regierenden des Nordens priesen ihre europäischen Werte und begründen die wachsende Ungleichheit mit Alternativlosigkeit und mit Regeln, die die Starken gegen die Schwachen durchgesetzt hätten und hochhielten: Das Subsidiaritätsprinzip, nach dem jedes Land allein regeln muss, was es allein regeln kann, und ferner, dass kein Land für die Schulden eines anderen aufkommen dürfe, und die Vereinbarung, dass Flüchtlinge dort bleiben müssen, wo sie die EU erreichen, schaffe geteilte Verantwortungen in einem labilem System und verursache Uneinigkeit und Langsamkeit, wo Einigkeit und Schnelligkeit geboten sei. Wer, angesichts wachsenden Unmuts der Verlierer und derer, die sich in zunehmender Zahl dafür hielten, weiterhin nicht erkenne oder nur nicht zugebe, dass das System sanierungsbedürftig sei, weil es die Mitgliedsländer spalte in Gewinner und Verlierer, der verhindere die Zukunftsfähigkeit der Eurozone. Ihr Einsturz sei so lange wahrscheinlicher als ihr Erfolg, weil sie nicht zu echter Solidarität und gemeinsamem Handeln reformiert und befähigt werde. - Strategen können die Fakten und Schwächen der EU so beurteilen. Ich halte diese Sicht auf Europa für realistisch.

In seinem neuen Buch, „Europa spart sich kaputt", zeigt Joseph Stiglitz[42], wie die Gemeinschaftswährung die Zukunft Europas bedroht, weil die gegenwärtige Struktur und Austeritätspolitik (Sparpolitik mit Investitionshemmung) die Mitgliedsländer der

---

[42] Joseph Stiglitz, Europa spart sich kaputt, Warum die Krisenpolitik gescheitert ist und der Euro einen Neustart braucht, München 2016; Titel der englischen Originalausgabe: The Euro, How a Common Currency Threatens the Future of Europe

Eurozone in exportstarke Gewinner mit zusätzlichen Arbeitsplätzen aus Exportüberschüssen und exportschwache Verlierer mit Arbeitsplatzverlusten und sozialem Abstieg spaltet. Diese Erfahrung verunsichert viele Wähler und diskreditiert die Volksparteien, die in Regierungsverantwortung weitgehend an ihren falschen Prinzipien und Fehldiagnosen zum Vorteil der Gewinner festhalten. Brexit und Trump-Wahl geben Grund zu der Befürchtung, dass die EU nur überlebt, wenn den Verlierern, besonders den arbeitslosen Jugendlichen in den südlichen Krisenländern jetzt erkennbar geholfen wird.

Joseph Stiglitz erklärt mit großem Ernst und in gebotener Tiefe, warum die Krisenpolitik der Eurozone gescheitert ist und der Euro einen Neustart braucht.

Er belegt faktenreich, warum die Austeritätspolitik Europas Einheit gefährdet und das europäische Wirtschaftswachstum schmälert. Er kritisiert, dass maßgebliche europäische Politiker und die Europäische Zentralbank, trotz anhaltend großer Arbeitslosigkeit in den Krisenländern, ihre fehlgeleitete Politik weiterhin als „alternativlos" darstellen. Stiglitz entlarvt die gegenwärtige Struktur der Eurozone trotz Nachbesserungen als instabil, Verlierer enttäuschend und insgesamt wachstumshemmend. Es gebe nur drei Wege aus der Krise: „<u>Erstens</u> eine grundlegende Reform der Eurozone und der Auflagen, die den Krisenländern gemacht werden; <u>zweitens</u> eine geregelte Auflösung der europäischen Union; oder <u>drittens</u> die Etablierung eines neuen Eurofinanzsystems des flexiblen Euro".[43]

---

[43] Joseph Stiglitz, Europa op.cit., Klappentext und das Reformprogramm, S.295-330. Als flexiblen Euro bezeichnet Stiglitz die Möglichkeit der EZB, ihre Maßnahmen je nach unterschiedlicher Wirtschaftsentwicklung einzelner Mitgliedsländer zu differenzieren.

Stiglitz[44] beanstandet wissenschaftlich nicht begründete falsche Diagnosen und Beruhigungsformeln, die eine zukunftsfähige Lösung verhindern, mit folgenden Worten: „Führende europäische Politiker haben erkannt, dass sich die Probleme Europas nicht ohne Wachstum lösen lassen. Aber sie haben nicht erklärt, wie Wachstum durch sparen erreicht werden soll. Vielmehr beteuern sie, es komme darauf an, Vertrauen wiederherzustellen. Aber Austerität erzeugt weder Wachstum noch Vertrauen. Europas trauriger Rekord an gescheiterten politischen Programmen hat das Vertrauen untergraben – nach wiederholten Versuchen, Lösungen für fehldiagnostizierte wirtschaftliche Probleme dilettantisch zusammenzuschustern."

Stiglitz warnt, dass das europäische Einigungswerk in Gefahr sei und es verdiene gerettet zu werden. Er hat erläutert, dass bestimmte Reformen der Eurozone notwendig sind und Erfolg versprechen. Auf über 500 Seiten begründet er die Notwendigkeit einer Vergemeinschaftung der Schulden[45], der Bankenunion und eines Solidaritätsfonds für Stabilisierung als Voraussetzungen für Wachstum für alle und solidarischen Zusammenhalt der EU.

Wer sich die Erkenntnisse von Stiglitz zu eigen macht, muss zugeben, dass die deutschen Exportüberschüsse und das national egoistische Eintreten deutscher Politiker für Austeritätspolitik gegenüber exportschwachen Mitgliedsländern und gegen eine gemeinsame Geld- und Fiskalpolitik der Euroländer, zu unser aller Nachteil, die EU ökonomisch schwächt und politisch spaltet. Ich verweise deshalb auf Pkt.8.3 „Wege aus der Krise". Ein Programm das im vorigen Bundestagswahlkampf von seinen Autoren zum Nachteil von Europa kassiert wurde und zusammen mit den Reformvorschlägen von Stiglitz große Aufmerksamkeit verdient.

---

[44] Joseph Stiglitz, Europa op.cit., S.322
[45] Die gegenwärtig praktizierte Geldschwemme durch die EZB dürfte sich, sobald die Kreditblase platzt, als unkontrollierte Vergesellschaftung der Schulden erweisen, nur leider ohne den gewünschten Beschäftigungseffekt.

5.4.5 Droht der Europäischen Union der Kollaps?

Die Antwort ist im vorigen Abschnitt unter Pkt. 5.4.4. enthalten. Sie lautet: Kurzfristig nein. Mit heutigen Strukturen mittelfristig ja. Die zitierten Quellen liefern die Argumente dafür, dass die Integration vollendet werden muss, um dem Zerfall zuvorzukommen.

Europa ist in Gewinner und Verlierer gespalten. In den kommenden Jahren drohen die Krisen der Verliererländer, durch Bank-Insolvenzen und erhebliche Arbeitsplatzverluste in einzelnen Branchen und Regionen, Deutschland und die EU in wachsende Schwierigkeiten zu bringen. Schon heute ist die Lage nicht nur in Griechenland, Spanien und Portugal instabil sondern auch in Italien und Frankreich kritisch. Die Branchen Landwirtschaft, Braunkohlebergbau, Automobilbau und Schifffahrt stehen vor erheblichen Anpassungsproblemen.

Einer drohenden Kumulierung ungünstiger Entwicklungen hätte die EU mit den heutigen Strukturen und Instrumenten bei wachsender Uneinigkeit nur wenig entgegenzusetzen.

Ulrike Guérot, die Autorin von „Warum Europa eine Republik werden muss!" sagt im Zeit-Online-Interview[46]: „Die europäische Republik kommt in wenigen Jahrzehnten. Ich halte den 9.Mai 2045 für realistisch. ..-.. Es geht nur darum, das letzte Drittel der europäischen Integration zu machen, sonst verlieren wir die ersten beiden. Wenn sie ein Haus bauen und kein Dach drauf machen, regnet es rein, dann wird es irgendwann modrig." Guérot plädiert für Verteidigungspolitik auf europäischer Ebene, Steuern auf mehreren: eine regionale Gewerbesteuer und eine föderale Einkommensteuer, um beispielsweise eine europäische Arbeitslosenversicherung zu finanzieren und meint, „Wir können keine politische Einheit auf dem Kontinent schaffen, wenn wir glauben, dass wir aus nationalen Wirs einen Wettbewerbsvorteil machen." (Fortsetzg.: Pkte. 8.3, 8.4 und 10.5)

---

[46] Zeit-Online-Interview vom 3.1.2017, S.5 ff.

5.5 Weltwährungsordnung und Globalisierung im Reformstau

In Deutschland wird meistens unzulässig oberflächlich erzählt, dass der weltweite Exporterfolg des Landes wohlverdientes Ergebnis deutscher Tüchtigkeit und für alle Beteiligten gut sei. Ergebnis deutscher Tüchtigkeit ist richtig, gut für alle Beteiligten ist nicht richtig. Hier geht es darum, die Gefährlichkeit deutlich zu machen, die darin besteht, dass Gewinner der Globalisierung die Verlierer ignorieren und vielfach rücksichtslos ausbeuten. Durch ungleiche Verteilung von Vorteilen und Nachteilen entstehen internationale Divergenzen, die sich als lange ungelöste Konflikte zu Krisen und Katastrophen aufschaukeln können. Dieses gilt es zu erkennen und zu ändern.

5.5.1 Machtwechsel in Amerika und der Weltwirtschaft

Es gibt auch in den Industrieländern des Westens neben Gewinnern zahlreiche Globalisierungsverlierer, und die haben in Trump einen Präsidenten gewählt, der ihnen Änderung versprochen hat.

(1) Befreiungsschlag der USA?

Asien und Europa haben über mehrere Jahrzehnte mit steigender Tendenz Jahr für Jahr deutlich mehr an die USA exportiert, als sie von den USA importiert haben. Der Importüberschuss der USA betrug 2015 745 Mrd. US$, davon Importe im Wert von 549 Mrd. aus Asien und 173 Mrd. aus Europa.[47] Ich wiederhole: Solche Importüberschüsse verursachen internationale Schulden, weil keine Deviseneinnahmen aus Exporten in gleicher Höhe erzielt werden. Da die Güter und Dienstleistungen in Höhe des Importüberschusses im Ausland erstellt wurden, entsteht im Imporüberschussland in gleicher Höhe Arbeitslosigkeit. Diese Arbeitslosigkeit verursacht dem Staat eine Reduzierung der Einnahmen aus Einkommensteuer und führt zu staatlichen Zusatzausgaben für Arbeitslosenunterstützung und Arbeitsbeschaffungsmaßnahmen. Zum Außenhandelsdefizit kommt

---

[47] Quelle US Census Bureau; Spiegel No.46 v.12.11.2016, S.65

also ein zweites Defizit, das Defizit im Staatshaushalt des Importüberschusslandes. Wenn dieser Zustand über längere Zeit andauert, kumuliert er zunächst zu Überschuldung und irgendwann zu Destabilisierung des Staates. Diese Gefahr ist in den Krisenländern der Eurozone an Großdemonstrationen zu erkennen und kann auf lange Sicht auch eine Supermacht wie die USA destabilisieren, wie drohende Insolvenz, Bankzusammenbrüche und der letzte Präsidentschaftswahlkampf in den USA gezeigt haben. Der zukünftige Präsident der USA Trump hat sinngemäß erklärt, dass er den Klimawandel und die UNO für ziemlich unbedeutend hält und hat folgende Schocks angekündigt:

1. Trump muss und will Importe erschweren, und Exporte steigern. Das wird zu Konflikten mit China und Europa führen und dort schmerzhafte Veränderungen erfordern, weil es Arbeitsplätze kostet.
2. Trump will die öffentlichen Investitionen steigern und die Steuern senken, also mehr ausgeben und zugleich weniger einnehmen, und trotzdem Schulden abbauen. Das kann nur gelingen, wenn ein Wirtschaftsboom einsetzt, der trotz deutlich niedrigerer Steuersätze höhere Steuereinnahmen hervorbringt. Man sollte einen Erfolg nicht ausschließen, doch falls er ausbleibt, was wahrscheinlicher erscheint, wird es für die USA und ihre Partner sehr schwierig!
3. Außerdem will Trump die europäischen Nato-Mitglieder veranlassen, ihre Finanzbeiträge vertragsgemäß deutlich zu erhöhen.
4. Ferner kündigt Trump an, auf Putin und Netanjaho zuzugehen. Niemand kann vorhersagen, was das für den Nahen Osten bedeutet.
5. Für Europa bedeuten diese Ankündigungen, dass Europas und speziell Deutschlands Wirtschaft vor großen Ungewissheiten steht und z.T. mit deutlichen Umsatzeinbußen rechnen muss, die in einigen Fällen durch komplizierte Auslandsfertigungen überwunden werden können.
6. Die Ankündigungen bedeuten politisch, dass Amerika Europa ein weiteres Mal in willfährige (alte) und unabhängige (neue) Europäer spalten könnte. Es gibt deshalb wichtige Gründe in Kerneuropa, also

der Eurozone, mehr Einigkeit und die Fähigkeit zu kraftvoller Souveränität zügig herzustellen.

(2) Chinas Überholversuch

China hat folgende Probleme zu bewältigen: Die Landbevölkerung wurde kaum am Fortschritt beteiligt. Das Land leidet unter großen Umweltproblemen und erwartet Überalterung seiner Bevölkerung. China betreibt deshalb intensive Dekarbonisierung mit Forcierung der Elektromobilität und Maßnahmen zur Steigerung der Inlandsnachfrage.

China hat die Globalisierung mit einem System aus Marktwirtschaft und Staatskapitalismus genutzt, um das Land auf Exporte gestützt zu industrialisieren und hat einige hundert Millionen Chinesen erfolgreich aus der Armut geführt. Gleichzeitig hat China seinen Markt nur langsam für Import geöffnet und das Land vor dem Zufluss von Spekulationskapital geschützt.

China gehört wie Deutschland zu den Globalisierungsgewinnern. Hohe Devisenreserven aus kontinuierlichen Exportüberschüssen eröffnen dem Gläubigerland China wichtige startegische Vorteile.

- Seine Dollarreserven befähigen China zu langfristiger Sicherung seiner Rohstoffversorgung durch weltweiten Aufkauf von Ressourcen wie Land, Rohstofflagerstätten. China schafft in der Regel wenig Arbeitsplätze in Afrika[48], sondern exportiert in großem Stil billige Konsumgüter nach Afrika. D.h. es entsteht kein echter Entwicklungsfortschritt für Afrika, sondern eher eine neokoloniale Situation mit Konfliktpotenzial.

- Mit dem Ziel im Jahr 2050 technologisch auf der Welt führend zu sein, setzt China seine Devisenreserven zum intensiven Kauf von führenden Technologieunternehmen in Europa ein[49] (z.B. das Robotikunternehmen KUKA). Europa droht einen wichtigen Wett-

---

[48] Eine bekannte Ausnahme ist eine große chinesische Schuhfabrik in Äthiopien.
[49] Nachricht NDR: 2016 sind Chinas Unternehmenskäufe in Europa auf 7 Mrd. € angestiegen.

bewerbsvorteil zu verlieren, den es zur Verteidigung seiner höheren Löhne durch höhere Produktivität gegenüber Asien benötigt.
- Außerdem kauft China in großem Stil amerikanische Schuldverschreibungen und finanziert damit als Gläubigerland die Importüberschüsse der USA. D.h. die USA und China sind finanziel verflochten und zugleich in scharfem ökonomischem und technologischem Wettbewerb, der um Taiwan und im südchinesischem Meer durch militärischer Rivalität verschärft wird.

(3) Mängel des Weltwährungssystems

Das gegenwärtige Weltwährungssystem ist hoch ineffizient, labil und schadet der 3.Welt. Die reichste Industrienation USA hat bei schwächeren Ländern viele hundert Mrd. US-Dollar Schulden, für die die USA in einer Größenordnung von nur 2% Zinsen zahlen. Dieses Kapital fehlt in den Gläubigerländern für Investitionen in Infrastruktur und Bildung und zwingt diese Länder, vorzugsweise bei US-Banken oder als Entwicklungshilfe, Kredit aufnehmen und darauf in einer Größenordnung von 12% Zinsen zu zahlen. Das System gefährdet die Erreichung der UN-Ziele der Armutsbekämpfung. Es wird noch dadurch verschlimmert, dass nur wenige kleine Länder wie Schweden ihr Entwicklungshilfeversprechen (von 0,7 % des BIP) einhalten (BRD 0,040 %). Die EU und die USA verdrängen inländische Kleinunternehmer der 3.Welt von deren lokalen Märkten durch subventionierte Agrarexporte und manipuliertes Saatgut. Steingart geißelt Gesetzesverstöße, für die Volkswagen und die Deutsche Bank viele Mrd. Euro Entschädigungen und Strafe zahlen müssen, mit den Worten: „Das Wölfische des Manchesterkapitalismus ist in unser Wirtschaftssystem zurückgekehrt. ..-.. In der weltweiten Finanzindustrie zahlt man lieber Strafen, als sich an Gesetze zu halten."[50] Die Refinanzierung des Bankensystems durch die Zentralbanken der USA und der Eurozone zu niedrigsten Zinsen erzielt nicht die beabsichtig-

---

[50] Gabor Steingart, Weltbeben, Leben im Zeitalter der Überforderung, München 2016, S. 104 und S. 108

te Stimulierung von produktiven Investitionen und Beschäftigung. Der Westen schwächelt also ökonomisch und finanziell. - Es gibt wichtige Gründe für wachsenden Unmut der 3.Welt über die USA und die EU, deren knapp 1/5 der Weltbevölkerung rd. 2/3 des Welthandels umsetzen. Stiglitz fordert analog zu Keynes die Einführung eines beim IMF zu haltenden Welt-Dollars, um den heutigen Wahnsinn mit den stillgelegten Währungsreserven zu beenden. China und Russland haben wegen der Lehmankrise bereits deutlich bei den USA interveniert. Es ist jetzt notwendig, dass auch die Euro-Gruppe (wegen ihrer hohen Exportanteile am BIP) mit einer Stimme die Reform des Weltfinanzsystems vorantreibt. Den verantwortungsvollen, fairen Markt gibt es nicht. Freiheit der Stärkeren ohne Verantwortungsbereitschaft schafft Nährboden für Revolution und Krieg.

5.5.2 Globalisierungsdefekte (nach Geisler, Piketty + Stiglitz)
Die Methoden eines dominant rigorosen Kapitalismus mit anhaltender Missachtung der Menschenrechte spaltet die Welt in Arm und Reich. Der französische Nationalökonom Piquetty hat lange Zeiträume wirtschaftlicher Entwicklung statistisch untersucht und kommt zu dem Ergebnis: Der Kapitalismus vergrößert den Abstand zwischen Arm und Reich in einem Ausmaß, das den Frieden gefährdet. Kritiker werfen ihm Rechenfehler vor. Ich bin überzeugt, selbst einige Rechenfehler könnten nicht widerlegen, was wir täglich beobachten und was Gabor Steingart mit vielen Zahlen in seinem Buch Weltkrieg um Wohlstand bestätigt hat. Ich zitiere hier folgende Fakten aus dem Bestseller von Heiner Geisler, Was würde Jesus heute sagen?[51]: „Weltweit driften Reichtum und Armut in unvorstellbarer Weise auseinander. Es gibt auf der Erde 225 Menschen, die ein Vermögen von einer Billion Dollar besitzen. Das ist genau so viel wie die Hälfte der Menschheit, nämlich 3 Mrd. an jährlichem Einkommen hat. Gleichzeitig haben 1,3 Mrd. Menschen pro Tag zum

---

[51] Heiner Geisler, Was würde Jesus heute sagen? Berlin 2004, S. 63

Leben weniger als den Gegenwert eines Dollars. Zwei Mrd. Menschen können ärztlich nicht regelmäßig versorgt werden und haben kein sauberes Trinkwasser. Für diese Entwicklung ist eine „Wirtschaftsordnung" verantwortlich, die keinen geordneten Wettbewerb kennt, sondern ausschließlich den Interessen des Kapitals dient. Steigerung des Shareholder Value nennt man die Philosophie, die international an die Stelle der Sozialen Marktwirtschaft getreten ist." - Die zwei volkreichsten Länder Asiens, China und Indien, konkurrieren auf der Überholspur mit Amerika um Wohlstand und die Führung der Welt. Der Ressourcenbedarf dieses Wettkampfes führt fast notwendig zu Krieg, wenn es China und Indien nicht gelingt, die Kluft zwischen Arm und Reich zu verkleinern und die Verschwendung des Kapitalismus durch neue Bescheidenheit und Maß zu bändigen. Ähnliches gilt auch für Afrika.

Joseph Stiglitz[52], hat 2002 mit seinem Buch „Schatten der Globalisierung" international Aufsehen erregt und 2008 in seinem Werk „Make the Globalization work" über umfangreiche Studien der *World Commission on the Social Dimension of Globalization* der International Labour Organization der UNO (ILO-Kommission) von 2001 berichtet.

Es ist geboten, die wichtigsten dort veröffentlichten Defizite der Globalisierung in diesem Zusammenhang konkret zu benennen, weil das im Mainstream von Politik, Wissenschaft und Gesellschaft verbreitete Wegdenken der Verlierer der Globalisierung Demokratie und Frieden gefährdet. Niemand kann vorhersagen, wann und wo die Zahl der Unzufriedenen, der Benachteiligten und derer, die sich für benachteiligt halten, groß genug sein könnte, einen Übergang von der Demokratie in die Oligarchie oder Diktatur in Gang zu setzen. Der Untergang Roms und der Weimarer Republik gibt zu denken.

---

[52] Josph Stiglitz, Chancen der Globalisierung, München 2006, S. 26-28 zu einem Bericht aus dem Jahr 2001 von der *World Commission on the Social Dimension of Globalization* der International Labour Organization (ILO).

Stiglitz zitiert den Bericht der vom Tansanischen Präsidenten W.Mkapa und dem finnischen Präsidenten Tarja Halonen geleiteten ILO-Kommission von 2001 wie folgt: „Der gegenwärtige Globalisierungsprozess bringt unausgewogene Ergebnisse hervor, sowohl international als auch innerstaatlich. Zwar gibt es positive Wohlstandseffekte, aber zu viele Länder und Menschen bleiben davon ausgeschlossen. Sie haben auch kaum oder gar keinen Einfluss auf diesen Prozess. Aus Sicht der überwältigenden Mehrheit der Frauen und Männer hat die Globalisierung ihre berechtigten Erwartungen hinsichtlich auskömmlicher Arbeitsplätze und einer besseren Zukunft für ihre Kinder nicht erfüllt. Viele von ihnen leben in der Unsicherheit einer Schattenwirtschaft ohne formale Rechte. - ... Selbst in erfolgreichen Ländern hat die Globalisierung für manche Arbeitnehmer und Gemeinschaften negative Folgen gezeitigt. - Diese globale Unausgewogenheit ist moralisch unannehmbar und politisch untragbar."

Die ILO-Kommission kam bei der Analyse der Entwicklung von 1990 bis 2002 in 73 Ländern in allen Regionen der Welt zu dem bedrückenden Ergebnis, dass im analysierten Zeitraum nur in Südasien, den USA und der EU die Arbeitslosigkeit gesunken sei. In allen übrigen Weltregionen sei die Arbeitslosigkeit in der Zeitspanne gestiegen. Bei Veröffentlichung des Berichts hatte die globale Arbeitslosenzahl einen neuen Höchststand von 185,9 Millionen. Ferner berichtete die Kommission, dass 59 Prozent der Weltbevölkerung in Ländern mit zunehmender Ungleichheit lebten und nur 5 Prozent in Ländern mit abnehmender Ungleichheit. ... Sogar in den meisten Industrieländern wurden die Reichen immer reicher, die Armen immer ärmer. (vgl. Stiglitz, op.cit. S. 27)

Die Globalisierung könne in einigen Ländern dazu beigetragen haben, den Wert aller produzierten Güter und Dienste (das BIP) zu steigern, aber dennoch hätten die meisten Menschen davon nicht profitiert.

Fazit 15: Globalisierung untergräbt Anstand und soziale Verantwortung, ihre Regeln müssen reformiert werden

1. Die Privatisierungskampagnen des Weltwährungsfonds untergraben Anstand, staatliche Souveränität und soziale Verantwortung durch Übereignung staatlicher, gemeinwohlorientierter Institutionen und Funktionen an Kapitaleigentümer mit dem Ziel kurzfristiger Gewinnmaximierung (z.B. Verkauf von Dresdens Sozialwohnungen, Krankenhausprivatisierungen).
2. Existenzbedrohender Standortwettbewerb (z.B. Betriebsverlagerungen zur Kostensenkung) von West- nach Osteuropa. Tarifgerecht entlohnte Arbeitsplätze werden ausgetauscht gegen niedriger bezahlte. Verlagerungen von Arbeitsplätzen nach Übersee dienen in der Regel neben der Sicherung von Auslandsmärkten der Kostensenkung durch niedrigste Löhne, Sozial-, Sicherheits- und Umweltstandards.
3. Auf diese Weise setzt Globalisierung materielle Erfolge über andere Werte wie z.B. Erhaltung heimischer Arbeitsplätze, der Umwelt oder Menschenwürde.
4. Stiglitz schreibt:[53] „Auf der Welt findet ein Kopf-an-Kopf-Rennen zwischen Wirtschafts- und Bevölkerungswachstum statt, und bislang hat das Bevölkerungswachstum die Nase vorn." Obwohl der Prozentsatz der in Armut lebenden Menschen rückläufig sei, steige die absolute Zahl der Armen, (und zwar trotz wichtiger Erfolge des Milenniumprogramms der UN zur Halbierung der Armut, der Verf.) Die Globalisierung habe sowohl zu den größten Erfolgen als auch zu einigen Misserfolgen beigetragen. Es entstehe eine Tendenz zu stagnierenden oder sogar sinkenden Löhnen, mit der Folge wachsender Ungleichheit und Unsicherheit. Existenzsorgen vieler Arbeitnehmer könnten große Schwierigkeiten verursachen.[54]

---

[53] Stiglitz op.cit., S. 29
[54] Vgl. Stiglitz op.cit., S. 337 f.

TEIL II Globale Solidarität, Chancen für unsere Kinder

6. Chancen und Prioritäten der deutschen Energiewende
Die Dimension des Problems

Ich habe in Pkt. 2 die zwölf Bedrohungen unserer Umwelt und unserer Gesellschaft angesprochen mit der Folgerung:

a) Die Menschheit muss jetzt umsteuern und alle 12 von Diamond dort genannten Probleme gleichzeitig lösen um zu überleben.
b) Dies ist die Messlatte für verantwortbare Energiepolitik.
c) Wir brauchen deshalb für die Energieversorgung der Zukunft eine konkrete Strategie mit Machbarkeitsnachweis und kontrollierbaren Meilensteinen. Die Prioritäten und wichtigen Elemente dieser Strategie werden aus den folgenden Ergebnissen von Olav Hohmeyer (LichtBlick SE Studie) und Hermann Scheer deutlich.

6.1 „LichtBlick SE, Studie 2050 Die Zukunft der Energie"[55]
Zusammenfassung (LichtBlick SE Studie 2050 S. 5)

In Weiterführung der Überlegungen und Analysen des Sachverständigenrates für Umweltfragen (SRU) vom Mai 2010 kommt das Gutachten zu folgenden Ergebnissen:

- Eine vollständig regenerative Stromversorgung kann bereits 2030 ohne jegliche Laufzeitverlängerung für Kernkraftwerke und ohne zusätzlichen Neubau von Kohlekraftwerken erreicht werden.
- Eine konventionelle Brückentechnologie ist nicht erforderlich.
- Ein Restbetrieb der vorhandenen konventionellen Kraftwerke bis zu einer maximalen Laufzeit von 35 Jahren ist vollständig ausreichend, um den Übergang ohne jede Stromlücke zu jeder Stunde

---

[55] Im Auftrag der Firma LichtBlick SE Hamburg 2010 erstellt von Olav Hohmeyer, Professor der Universität Flensburg, hier ausführlich zitiert mit freundlicher Zustimmung von LichtBlick SE Hamburg, www.lichtblick.de (Hervorhebungen vom Verfasser)

sicherstellen zu können. Er verzögert die vollständige Umstellung auf regenerative Energiequellen bis fast zum Jahr 2050.
- Wind- und Solarenergie vertragen sich bei einem weiter forcierten Ausbau nicht mit einem verlängerten Betrieb der Kernenergie.
- Der Bau von Speichern, neuen Netzen und flexiblen Ergänzungskraftwerken (z.B. intelligent gesteuerten Mini-Blockheizkraftwerken) ist eine wesentliche Voraussetzung für den Ausbau der regenerativen Stromversorgung.
- Eine substantielle Laufzeitverlängerung für Kernkraftwerke schafft massive ökonomische Anreize für die deutschen Kernkraftwerksbetreiber, den Ausbau der regenerativen Energiequellen nach Kräften zu behindern.
- Eine Laufzeitverlängerung für Kernkraftwerke wird die Investitionsbereitschaft etablierter und unabhängiger Investoren sowohl im Bereich der regenerativen Energiequellen als auch im Bereich des notwendigen Ausbaus von Speichermöglichkeiten deutlich verringern. Auch Investitionen in besonders flexible kleine Einheiten zur Kraft-Wärme-Kopplung würden weniger attraktiv.
- Eine Laufzeitverlängerung für deutsche Kernkraftwerke bremst massiv den notwendigen Umbau der deutschen Elektrizitätsversorgung zu einem langfristig klimafreundlichen und nachhaltigen Versorgungssystem."

Entgegen von interessierter Seite verbreiteter Nachrichten zeigt eine genaue Betrachtung, dass das Preisniveau und der Stromimport durch die Abschaltung deutscher AKWs nicht signifikant beeinflusst sind.

Methode der Ziel-Szenarien mit Prognosemodellen:
Langfristige politische Orientierung muss vielfältige Unsicherheiten berücksichtigen, alternative Zukunftswelten, sogenannte Ziel-Szenarien müssen erdacht und mit Prognosemodellen quantifiziert werden. Deren Annahmen müssen auf ihre Eignung geprüft werden.

Sie beeinflussen die Ergebnisse. Annahmen eines Szenarios definieren zugleich nachprüfbar die für den Erfolg erforderlichen Schritte. So kann geprüft und beantwortet werden: Was wir tun müssen, um bestimmte Ziel-Szenarien zu verwirklichen.

LichtBlick/Hohmeyers wichtigste Ergebnisse im Einzelnen:

„**Ergebnis 1:** (LichtBlick SE Studie 2050 S.6)
Eine vollständige regenerative Stromversorgung für Deutschland ist bis 2050 möglich und sicher."
Das Zukunftsszenario (2.1.a) des Sachverständigenrates für Umweltfragen (SRU) basiert auf folgenden Annahmen für 2050: 500 TWh/a, d.h. wirksame Bedarfsminderung, volle Elektrifizierung des Individualverkehrs, 100% inländische Energieerzeugung, Nutzung norwegischer Pumpspeicherkapazitäten. Die LichtBlick Studie 2050 zitiert zu diesem Szenario: „Die Stellungnahme des Sachverständigenrates für Umweltfragen (SRU) zeigt auf der Basis von stündlichen Berechnungen, dass die gesamte Stromnachfrage in Deutschland spätestens in 2050 in jeder Stunde des Jahres vollständig durch regenerative Energien gedeckt werden kann.".

„**Ergebnis 2:** (LichtBlick SE Studie 2050 S.7)
Eine Laufzeitverlängerung für Kernkraftwerke oder der Neubau zusätzlicher Kohlekraftwerke ist völlig unnötig.
Weder eine Laufzeitverlängerung für die deutschen Kernkraftwerke noch der Bau zusätzlicher Kohlekraftwerke über die bereits im Bau befindlichen Einheiten hinaus sind als Brücke in eine 100 Prozent regenerative Stromversorgung erforderlich."

„Abbildung ES2: Entwicklung der deutschen Bruttostromerzeugung im Zukunftsszenario bis 2050 in TWh/a (entsprechend SRU Szenario 2.1.a / 509 TWh/a in 2050 (LichtBlick SE Studie 2050 S.7).

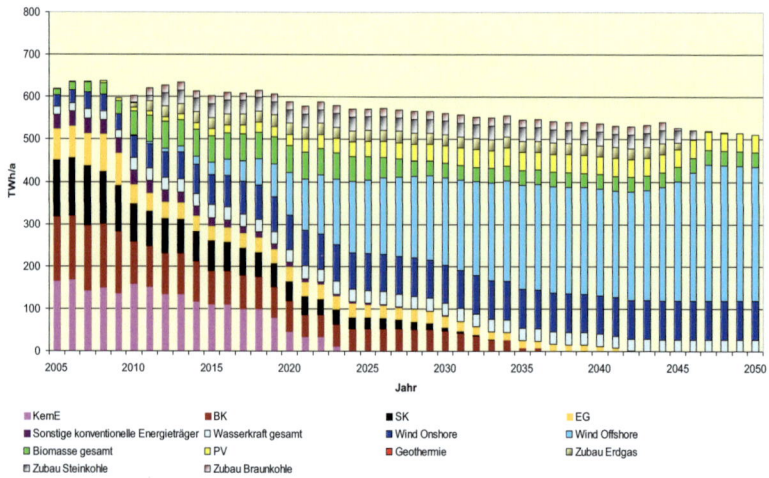

Ergebnis 3: (LichtBlick SE Studie 2050 S.8)
Nur der Restbetrieb konventioneller Kraftwerke verhindert eine vollständig regenerative Stromversorgung bereits zum Jahr 2030."
Nur die Rücksichtnahme auf die 2024 noch in Betrieb befindlichen konventionellen Kraftwerke, denen in allen Rechnungen des Sachverständigenrates Laufzeiten von 35 Jahren zugestanden würden (vgl. Abb. ES3 unten) verhindere, dass nicht bereits im Jahr 2030 eine vollständig regenerative Stromerzeugung erreicht werde.

„Abbildung ES3: Entwicklung der regenerativen Erzeugungskapazitäten im Zukunftsszenario bis 2050 in GW (entspricht SRU Szenario 2.1.a / 509 TWh/a in 2050). Die grüne Linie schreibt den Ausbautrend der regenerativen Erzeugungskapazitäten 2010 bis 2020 in die Folgejahre bis zur Erreichung der maximalen Kapazität fort. (LichtBlick SE Studie 2050 S. 8)

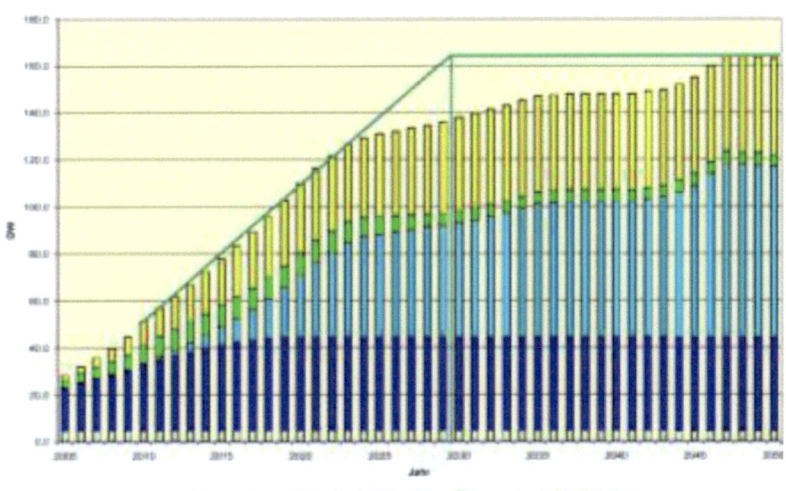

Ergebnis 4: (LichtBlick SE Studie 2050 S.9 ff.)
Eine vollständig regenerative Energieversorgung ist die langfristig kostengünstigste Versorgungsvariante.
Der Sachverständigenrat stellt außerdem fest, dass ein entsprechender Umbau des Elektrizitätssystems auf eine vollständig regenerative Stromerzeugung langfristig die kostengünstigste Variante der Stromversorgung ist. In der Zwischenzeit rechnet der Sachverständigenrat mit um 1,5 – 3,5 Cent/kWh moderat erhöhten Stromgestehungskosten (SRU, 2010, S. 52).

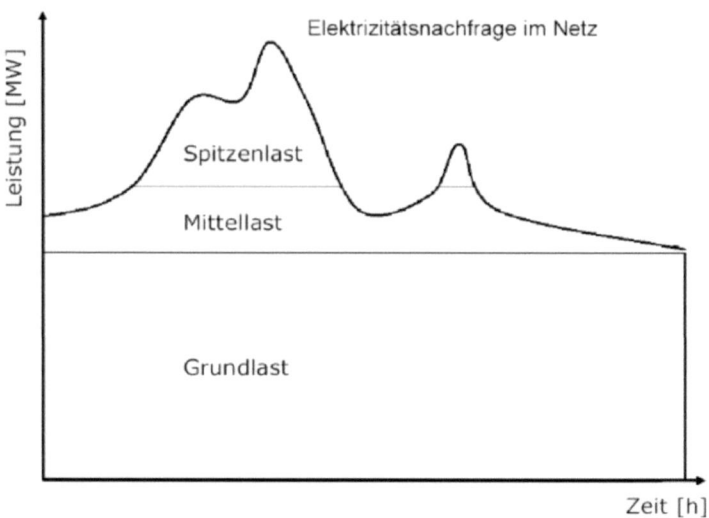

Quelle: SRU/Stellungnahme Nr. 15–2010/Abb. 4-23, S. 72 (LichtBlick S.11)

Ergebnis 5: (LichtBlick Studie 2050 S.11) **Grundlastkraftwerke passen nicht zum Ausbau der regenerativen Stromversorgung.**
Die technischen Eigenschaften von Kernkraftwerken führen dazu, dass ein Anfahren eines Kernkraftwerks aus dem Stillstand bis auf volle Leistung ca. 50 Stunden benötigt. Vor der massiven Einführung von Wind- und Sonnenenergie war diese Tatsache fast ohne Belang, da ein Kernkraftwerk nur höchst selten vollständig abgeschaltet werden musste. … Da Wind und Sonne aufgrund ihrer vorteilhaften Kostenstruktur (variable Kosten gleich Null) immer vor allen Kraftwerken mit Brennstoffkosten in Betrieb gehen, stehen alle regelbaren Kraftwerke einschließlich der Kernkraftwerke vor der Aufgabe, nur eine sich mit der Einspeisung der Windenergie schnell ändernden sogenannten Residuallast bedienen zu müssen. Ab einem bestimmten Anteil von Windenergie im System kommt es zu Nachfragesituationen, in welchen Kernkraftwerke trotz ihrer niedrigen Brennstoffkosten vom Netz genommen werden müssen, weil sie nicht mehr mit der

minimal erforderlichen Leistung produzieren können. Im Fall deutscher Siedewasserreaktoren liegt diese Schwelle für jedes Kraftwerk bei ca. 60 Prozent der maximalen Leistung und für die deutschen Druckwasserreaktoren liegt die entsprechende Minimalleistung bei 50 Prozent der maximalen Leistung. Kommt es zu einer Abschaltung eines Kernkraftwerks aufgrund der Unterschreitung dieser Schwelle, dauert es ca. 50 Stunden, bis dieses Kraftwerk wieder voll zur Verfügung steht.

Abbildung ES7: Stilisierte Struktur eines Tageslastgangs und die Einspeisung aus nicht geregelten regenerativen Energiequellen (LichtBlick SE Studie 2050 S.12)

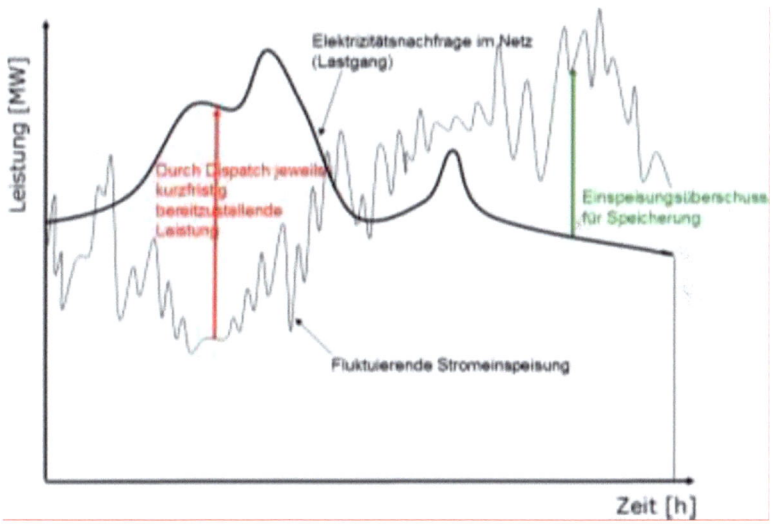

Quelle: SRU/Stellungnahme Nr. 15–2010/Abb. 4-24, S. 73

Ergebnis 6: (LichtBlick SE Studie 2050 S. 13)
Bereits im Jahr 2020 erzwingen Wind- und Solarstrom häufige Abschaltungen von Kernkraftwerken. Dann kommt es bei dem aus Gründen des Klimaschutzes notwendigen Ausbau der regenerativen Energiequellen Wind- und Sonnenenergie relativ häufig zu der

Situation, dass die stündliche Residuallast (Netzlast minus Wind- und Solarstrom) unter die heutige Leistung der Kernkraftwerke von insgesamt ca. 21 GW absinkt. Wird die Laufzeit der deutschen Kernkraftwerke auf 45 oder mehr Jahre verlängert, dürfen im Jahr 2020 noch alle Kernkraftwerke betrieben werden. Wird eine Residuallast von 11,4 GW unterschritten, müssen alle Kernkraftwerke abgeschaltet werden." (Zitat Ende) Die Laufzeitverlängerungen für Kernkraftwerke schaffte massive ökonomische Anreize zur Behinderung des notwendigen Ausbaus der regenerativen Stromerzeugung.

Fazit 16: Die Prioritäten für den Erfolg der machbaren deutschen Energiewende ergeben sich aus folgenden Empfehlungen der Studie von LichtBlick SE und Olav Hohmeyer von 2010

Für die Politik ergaben sich aus den obigen Ergebnissen von Sachverständigenrat (SRU) und LichtBlick SE (schon vor Fukushima) folgende Empfehlungen:
- Eine Laufzeitverlängerung für deutsche Kernkraftwerke ist nicht erforderlich
- Ein Neubau von Kohlekraftwerken (über die z.Zt. im Bau befindlichen und bereits genehmigten hinaus) ist nicht erforderlich
- Leitlinie der Politik muss ein konsequenter Ausbau der regenerativen Energiequellen zu einer 100 Prozent regenerativen Stromversorgung sein. Dieser muss flankiert, d.h. ermöglicht und gesichert werden durch
  o den Ausbau von Speichermöglichkeiten besonders im Bereich der großvolumigen Pumpspeicher in Norwegen,
  o den Ausbau der Übertragungsnetze zwischen der deutschen Nordseeküste und den deutschen Verbrauchszentren,
  o den Ausbau der Übertragungsleitungen zwischen Deutschland und Norwegen zur Einbindung großer Speicherpotentiale und
  o die Förderung des dezentralen Ausbaus hoch-flexibler Erzeugungseinheiten zunächst auf Erdgas- und später auf Biogasbasis." Ergänzungen des Verfassers:
  o plus deutlicher Energieeinsparung durch energetische Sanierung von Wohnraum und erhöhten Elektrizitätsbedarf

- o für hohe CO_2-Einsparung durch forcierte Elektromobilität.

Positive und negative Beschäftigungseffekte, Exportchancen und Interessen der energieintensiven Industrie sind durch flankierende Maßnahmen in einem notwendigen politischen Gesamtkonzept auszubalancieren und lösbar.

6.2 „Der Energ*ethische* Imperativ"[56]

Die in 6.1 zitierte LichtBlick Studie 2050 hat die technische und wirtschaftliche Machbarkeit geprüft und bestätigt. Der SPD-Politiker und Ideengeber des Erneuerbare Energien Gesetzes (EEG) Hermann Scheer hat die erforderlichen gesellschaftlichen und politischen Voraussetzungen für das Gelingen der Transformation geprüft und in seinem richtungsweisenden Buch Der Energ*ethische* Imperativ deutlich begründet.

Nach Scheer müssen politische Entscheidungen und Maßnahmen danach unterschieden werden, ob sie nur bestimmte Details regeln oder ob sie „eine Schlüsselrolle spielen, um ein breites Feld neuer Entwicklungen zu erschließen."

Um die Wende zu Erneuerbaren Energien (EE) zum Erfolg zu führen, hält Scheer vier ordnungspolitische Prinzipien für notwendig (Scheer op.cit. S. 178):

- Einen anhaltenden Vorrang für Erneuerbare Energie auf dem Strommarkt
- Den Vorrang von Investitionen für Erneuerbare Energien in der Raumordnungspolitik und öffentlichen Bauplanung
- Eine Veränderung von Energiesteuern zu Schadstoffbesteuerung und
- Einen konsequenten Aufbau dezentraler kommunale Energieversorgung.

Folgende Fragen seien für die Gestaltung des Überganges zu beantworten (vgl. Scheer op.cit. S. 14 f.):

---

[56] Hermann Scheer, Der Energ*ethische* Imperativ, München ohne Jahr

- Welche Energien sollen im Übergang genutzt werden?
- Welches Mix an Erneuerbaren Energien EE wird angestrebt?
- Welche Leistungen sollen in Zukunft dezentral, welche weiter zentral erbracht werden?
- Welche politischen Maßnahmen müssen die Transformation (regional, national, international) absichern?
- Kann die Wende rechtzeitig umgesetzt werden, um drohenden „Tragödien" aus konventioneller Energieerzeugung zu entkommen?
- Welche Akteure können die Wende vorantreiben?

Scheer weist darauf hin, dass die herkömmliche Energiewirtschaft ein besonders mächtiges weltweit verflochtenes System von Großunternehmen sei, die alle das Ziel hätten, die gesamte Versorgungskette vom Bergwerk oder Ölfeld bis zum Stromkunden oder Autofahrer unter Kontrolle zu haben. Weil eine umfassende zügige Energiewende von dezentralen Energieerzeugern (Privatpersonen und Kommunen) vorangetrieben werde, verstoße diese Transformation gegen die fundamentalen Bestandsinteressen der herkömmlichen Energiewirtschaft. Wer dies bei der Gestaltung der Rahmenbedingungen außer Acht lasse, werde von heftigen Widerständen überrascht werden (Scheer op.cit. S. 15, 34f.). Interessenkonflikte ergäben sich nach Scheer durch folgende Veränderungen:
- Kleine dezentrale Kraftwerke ersetzen wenige Großkraftwerke
- Neue Speicherformen und andere Übertragungsnetze würden notwendig
- Heimische Energie ersetze Importe
- Transportkapazitäten für Primärenergie (Kohle, Öl, Gas) würden zum Teil überflüssig.

Scheer sagt, angesichts der stark divergierenden Interessen sei strategische Kompetenz notwendig und zitiert Lester Brown, den Direktor des Earth Policy Institutes, der habe die politische Anstrengung des Wechsels zu Erneuerbaren Energien mit einer „wartime mobilization" in „Blitzgeschwindigkeit" verglichen. – Ich halte eine von den zuständigen Ministerien und Vertretern der Energieversorger (einschließlich der Kommunen) mit interdisziplinären Experten besetzte Kommission unter der Leitung eines Staatssekretärs aus dem Bundesministerium für Wirtschaft und Energie für notwendig. Sie kann vorausschauend Lösungsvorschläge für Engpässe und Konflikte der Energiewende für den zuständigen Minister vorbereiten. Wir Bürger sollten eine „Energiewende-Mobilisierungs-Kommission" anregen.

Hermann Scheer hat als Schlüssel zum Erfolg folgende Forderungen aufgestellt: Eine Vorrangstellung der Erneuerbaren Energien müsse gewährleistet werden, weil sie von ihrem „höheren gesellschaftlichen Wert" legitimiert sei (op.cit.S. 62). Zur Mobilisierung der EE müssten „volkswirtschaftliche Vorteile in einzelwirtschaftliche Anreize übersetzt werden" (Scheer op.cit. S. 63).

Außerdem bezieht Scheer Position zu folgenden Themen:

a) Der Emissionshandel (Scheer op.cit.S. 70 ff.)
Der heutige Emissionshandel zu zerrütteten Preisen (heute bei 7 Euro statt ursprünglich beabsichtigter 2000 Euro für das Recht, eine Tonne CO_2 in die Atmosphäre zu entsorgen (d. Verf.)) wirke nicht wie CO_2-Steuer, sondern gewähre „Absolution für Langsamkeit" und bremse klimaschonende Investitionen. (Die Reform des Emissionshandels mit investitionsfördernden Preisen wird für den globalen Klimaschutz entscheidend. d. Verf.) (vgl. www.WWF Letzte Chance für den Emissionshandel und hier Pkt. 7.4).

b) „Brüchige Brücken: Atomenergie und CCS-Kraftwerke"
  Scheer zur **Lage der Atomenergie** (Scheer op.cit. S. 85-98):
- Das Endlagerproblem sei bisher nirgends gelöst
- Atommüll verliere seine Gefährlichkeit erst nach hunderttausend Jahren. Atomenergie sei deshalb das „vermessenste Projekt der Zivilisationsgeschichte"

- Z.Zt. seien weltweit 435 AKWs in Betrieb mit Durchschnittsalter 25-35 Jahre. D.h., dass alle im nächsten Jahrzehnt stillgelegt werden müssten
- Es seien 52 neue AKW im Bau und 90 geplant
- Ohne Laufzeitverlängerung oder Steigerung der Neubauanzahl sinke die Zahl der AKWs in diesem Jahrzehnt weltweit auf weniger als die Hälfte
- Citigroup berichtet über Anstieg von AKW-Baukosten um den Faktor 2 (in Finnland auf 5,5 Mrd. Euro), weshalb die Stromerzeugungskosten nicht mehr wettbewerbsfähig sein würden
- Die EU will den Neubau eines Kernkraftwerks in England mit Einspeisungsgarantien und insgesamt 30 Mrd. Euro subventionieren (d. Verf.).

c) CCS Carbon Capture System

Diese neue mit großen Hoffnungen verknüpfte noch nicht großtechnisch gesicherte Technologie beabsichtigt, die CO_2-Emissionen von Kohlekraftwerken durch unterirdische Speicherung unschädlich zu machen. Scheer nennt die folgenden entscheidenden Probleme (Scheer op.cit.S. 99-103):

Wer heute CCS-Option befürworte und vorantreibe, nehme hin, dass die Ablösung von Kohlekraftwerken durch EE in die 2. Hälfte des 21. Jahrhunderts verschoben werde ... denn die Laufzeit dieser Kohlekraftwerke reiche bis 2070 oder 2075.

Für alle CCS-Technologien bestehen große Machbarkeits-, Transport-, Kapazitäts- und Kostenrisiken.

<u>Vattenfall</u> hat am 22.09.2011 das CCS-Projekt Jenschweide mit der Begründung gestoppt: „Unter gegenwärtigen Rahmenbedingungen sei der Haftungszeitraum zu lang."

<u>Der Bundesrat</u> hat ein Gesetz zur Finanz-Beteiligung der Länder an der CCS-Entwicklung gestoppt.

Desertec mit Supergrid (Scheer op.cit. S. 140-152)
Scheer moniert die große Wüsten- und Off-Shore-Euphorie und Wahrnehmungsdifferenz zwischen den genannten Risiken dieser Großprojekte und den großen Realisierungserfolgen des EEG (Scheer op.cit.S. 137).
Ein Viertel der Desertec-Produktion solle für 100 Mrd. Euro in zehn Jahren 13 % der deutschen Stromversorgung liefern. Aber zahllose kleine Investitionen nach EEG in Höhe von 96 Mrd. € sichern 2014 schon 26% der deutschen Stromversorgung. Das euphorisch gepriesene Megaprojekt erfordere einen „Gleichstrom-Highway vergleichbar einer europäischen Kupferplatte" von der nordafrikanisch/arabischen Wüstenregion bis in den mittel- und nordeuropäischen Raum, in der Hand der etablierten Stromkonzerne.
Nahezu unvorhersehbar und unkalkulierbar seien folgende Unsicherheiten und Risiken:
- Unruhige politische Zukunft Nordafrikas
- Nichtbeachtung von nationalen Interessen von Transitländern
- Technische und juristische Schwierigkeiten der Querung von Mittelmeer und Pyrenäen
- Scheer moniert abweichend von Hohmeyer, dass es keine tragfähige Begründung dafür gäbe, den Schwerpunkt der Windstromproduktion teuer aufs Meer zu verlegen (Scheer op.cit.S. 150).

6.3 Erfolgsaussichten
6.3.1 Pressemeldungen von 2013, die kaum überzeugen
1. **EE-Umlage** übersteigt Prognose.
2. **Offshore-Falle** (Der Spiegel 02.09.2013) Wende ohne Anschluss (Die Zeit 13.06.2013) Offshore-Windenergie ist riskant und hat u.U. doppelte Kosten in Aufbau und Unterhaltung im Vergleich zu Onshore-Windenergieanlagen. Fertige Windparks bis 2014 ohne Anschluss. Neue Leitungsplanung der Regierung kann zu gigantischer Fehlinvestition werden.

3. **Pumpspeicher verfallen**. Verfügbar heute 70 Mio. kWh. Bedarf 2050: 20-40 Mrd. kWh. Investitionen der Konzerne gestoppt. Strategie mit Norwegen, keine bekannt. Grund: Ökostrom ist billiger. Fazit: Energiewende-Selbstmord; am Ende wird dann Kernkraftlaufzeitverlängerung wahrscheinlich.
4. **Neue Gaskraftwerke mit 60% Wirkungsgrad** stehen **unrentabel** still, weil der Energiepreis an der Börse durch Ökostrom auf unter 5 Cent gesunken ist. Kommunen haben notwendige Investitionen in Gaskraftwerke gestoppt, weil unrentabel.
5. **Braunkohlekraftwerke rentabel auf Hochtouren mit 35 % Wirkungsgrad**. Sie gefährden mit größter Umweltverschmutzung Deutschlands Klimaziele.
6. **Gutachten der Monopolkommission** (v.12.09.2013) empfiehlt Übergang zur schwedischen Konzeption der Energiewende: Stromerzeuger werden dort per Gesetz verpflichtet, einen bestimmten Prozentsatz des hergestellten Stroms aus Erneuerbaren Energiequellen herzustellen. Der Prozentsatz steigt jährlich. Bei Nichterreichen drohen hohe Strafen. Der Mix der Erneuerbaren kann vom Erzeuger frei am Markt gewählt werden.
7. **Der Strompreis 28,73 Cent/kWh** Die Zeit 14.8.13
   Für einen durchschnittlichen 3-Personenhaushalt im Mai 2013
   - 14,32 Erzeugung, Transport und Vertrieb
   - 5,28 EEG-Umlage
   - 4,59 Mehrwertsteuer
   - 2,05 Stromsteuer
   - 1,79 Konzessionsabgabe
   - 0,33 §19-Umlage
   - 0,25 Haftungsumlage
   - 0,13 KWK-Aufschlag
8. **Kohle dominiert** und verursacht weltweit schwere Gesundheitsschäden.
Der Anteil der Energieträger an der Stromerzeugung **im Jahr 2012:**

- 25,7% Braunkohle
- 22,6% Erneuerbare Energien
- 18,5% Steinkohle
- 15,8% Kernenergie
- 12,0% Erdgas
- 5,4% Übrige Energieträger

(Quelle: BDEW 5/2013, AG Energiebilanzen e.V.)

9. **Strom aus Erneuerbaren Energien 2014 erstmals über 25%.**

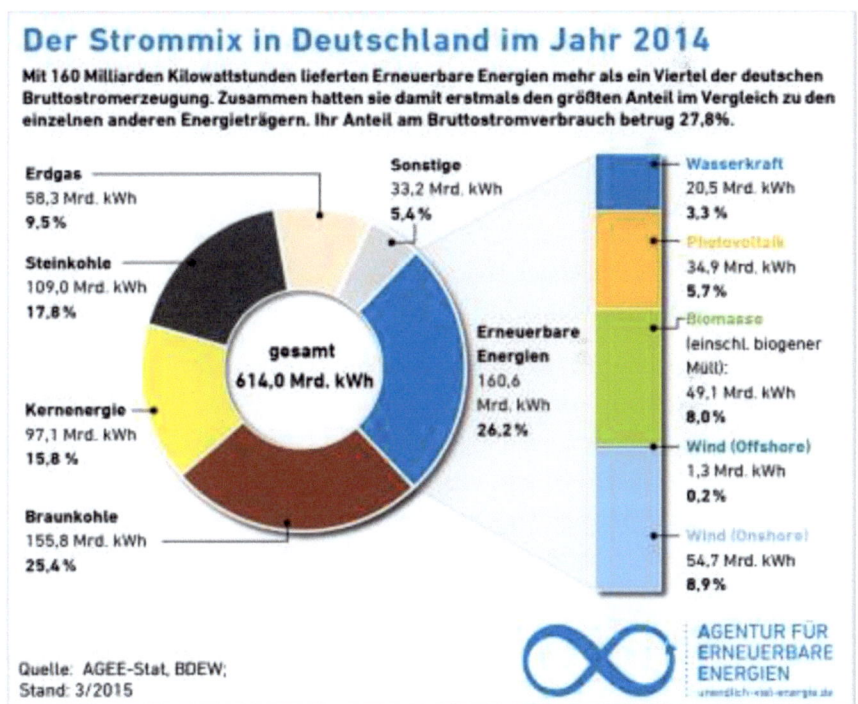

Damit war der Anteil der Erneuerbaren Energien an der deutschen Stromerzeugung mit 26,2% erstmals größer als der Anteil der Braunkohle. Gemessen am Strom<u>verbrauch</u> erzielten die Erneuerbaren Energien 2014 27,8%. (Quelle: www.bdew.de;Datenvielfalt zu EE)[57]

6.3.2 Erfolgsmeldungen der Bundesumweltministerin 2015

2014 sind die deutschen Treibhausgasemissionen endlich wieder gesunken. Das zeigen vorläufige Zahlen der Arbeitsgemeinschaft Energiebilanzen. Den Großteil davon führen die Statistiker zwar auf die milde Witterung zurück. Ein Teil sei aber auch echten Fortschritten beim Klimaschutz zu verdanken, betont Bundesumweltministerin Barbara Hendricks. So waren <u>Erneuerbare Energien</u> vergangenes Jahr bundesweit <u>erstmals wichtigste Stromquelle</u>. In der Folge ging vor allem der Einsatz von Steinkohle deutlich zurück. Die Bundesrepublik ringt derzeit darum, ihr selbstgestecktes <u>Klimaziel für das Jahr 2020</u> zu erreichen. Dann nämlich sollen die Emissionen um 40 Prozent unter dem Niveau von 1990 liegen. Damit das gelingt, hat die Regierung im Dezember das »Aktionsprogramm Klimaschutz 2020« beschlossen. Es soll unter anderem <u>Kraftwerksbetreiber</u> zur Reduktion von Treibhausgasen verpflichten.

Hendricks mahnte zugleich, den Ausbau Erneuerbarer Energien weiterhin konsequent umzusetzen. Die Phase der reinen Kostenbetrachtung mit dem überzogenen Gerede von unbeherrschbaren Kostenexplosionen sei zum Glück vorbei, <u>Klimaschutz mit Erneuerbaren Energien und Energieeffizienz sei vor allem eine riesige Chance</u> für die deutsche Wirtschaft, sagte die Ministerin.

6.3.3 Anzeichen für effiziente politische Führung?

Gibt es zielführende Informationen und eine überzeugende Kampagne zur Energiewende und CO_2-Einsparung, die uns Bürger begeistert und Wege zu verantwortlicher, bezahlbarer Mitwirkung zeigt?

Gibt es öffentliche Transparenz über Planung mit Meilensteinen für Fortschrittsprüfung im Vergleich mit den Prioritäten und Erfolgskriterien der Experten Hohmeyer und Scheer?

---

[57]Quelle:www.bdew.de;Datenvielfalt zu EE

Aus den Medien ist z.Zt. nicht erkennbar, dass die Energiewende effizient gemanagt wird, oder ob ihr Scheitern wahrscheinlicher ist als ihr Erfolg. Mein Eindruck ist, dass die folgenden Signale nicht für Erfolg sichernde Regierungsarbeit, professionelle Planung und zielsichere Arbeit der Verantwortlichen mit Leistungsträgern und betroffenen Bürgern sprechen:

- Eine breite, begeisternde Mobilisierung ist nicht zu sehen.
- Die Erschließung norwegischer Pumpspeicherkapazität ist nicht erkennbar.
- Der Widerstand der Ministerpräsidenten von Bayern und Hessen gegen die Stromtrasse Südlink signalisiert Abstimmungsdefizite.
- Die Stilllegung des modernsten Gaskraftwerkes Irsching in Bayern signalisieren Planungsdefizite.
- Für Arbeitsplatzverluste durch Ausstieg aus der Kohle fehlt die Vorsorge (mit Sozialplänen und Mitteln für Umschulungen etc.).
- Der Preisverfall im CO_2- Zertifikathandel ist eine Verteilung von „Ablassschnäppchen". Die Reform des CO_2- Zertifikathandels verdient für die Erreichung der Klimaschutzziele höchste Priorität.
- Die energetische Wohnraumsanierung zu Lasten der Mieter, mit Steigerungen der Monatsmiete von im Durchschnitt 300 Euro dreimal so hoch wie deren monatliche Heizkosteneinsparungen von ca. 100 Euro (Bericht Monitor), trifft finanziell Schwache hart.
- Die leisen Ausstiege aus den Desertec- und CCS-Vorhaben sind wahrscheinlich richtig, aber eine überzeugende Begründung und notwendige Folgerungen wurden nicht veröffentlicht.

Man kann aus den genannten Ereignissen nicht auf hohe Professionalität schließen und nicht erkennen, dass Fehler und Defizite vermieden werden, die bei deutschen Großprojekten üblich geworden sind, z.B. Entscheidung auf Basis mangelhafter Dokumente und geschönter Gutachten, unzureichender Kontrolle und mangelhafter Kommunikation mit Bürgervertretern mit der logischen Folge von desaströsen Terminverschiebungen und unverantwortbaren Kostensteigerungen. (Beispiele: Rüstungsbeschaffung der Bundeswehr, Stuttgart 21, Flughafen Berlin, Elbphilharmonie, Elbvertiefung, Nürburgring, Bestellung ungeeigneter Korvetten, Unstimmigkeit und Vagheit beim Klimaschutzplan).

Unsere Nachbarn Dänemark und die Niederlande realisieren Projekte gleicher Größenordnungen nach zuverlässiger Planung termingerecht und kostentreu. Dies spricht für Reformbedarf in Deutschlands Behörden und gegen den häufigen, teuren Einsatz von geschönten Gefälligkeitsgutachten zur Durchsetzung politischer Entscheidungen.

<u>Wahrscheinlich gelten zwei Länder für die Einhaltung der 2° C-Leitplanke zu Recht als entscheidend: Erstens China, wegen der notwendigen Begrenzung seiner rapide steigenden Emissionen als Vorbild in Asien und zweitens Deutschland, jetzt erkennbar zurückfallend, als Testfall für die übrigen Industrieländer des Westens.</u>

Die Empfehlungen von Hohmeyer (vgl. Fazit 16) sind gut begründete Prioritäten, also die Messlatte für Projektfortschritte auf dem Weg zu einem Erfolg der Energiewende in Deutschland. Zu seinen Empfehlungen gehören die Erschließung der norwegischen Pumpspeicherkapazitäten und der Nord-Süd-Leitungsbau. Sie müssen ergänzt werden um die Empfehlungen, die sich aus den Prämissen des von ihm gewählten Szenarios (SRU 2.1a) ergeben: zügige energetische Sanierung von Altbauten zur Reduzierung des Energiebedarfes für Heizung und Kühlung und die dynamische Umstellung des Individualverkehrs auf Elektromobilität. – Es bleiben die Fragen: Wer verkündet das, wer stimmt die Bürger darauf ein, wer nennt Meilensteine und prüft den Projektfortschritt im Vergleich zu Zeit- und Investitionszielen? Wer steuert wenn notwendig nach? Der vorige Umweltminister überzeugte wenig mit der Empfehlung, den Deckel beim Kochen möglichst lange auf dem Topf zu lassen.

greenpeace magazin 2.15
vom März 2015 berichtet:

„50%

der seit Beginn der Industrialisierung freigesetzten Treibhausgase stammen aus der EU und den USA (S. 57).

54%

des globalen CO_2-Anstiegs seit 2002 entfallen auf die chinesische Kohle (S.56).

2%

weniger Kohle verbrauchte China 2014 gegenüber dem Vorjahr (S.52).

12

Gigawatt Solaranlagen
wurden 2013 in China installiert,
Sie liefern bei Tag so viel
Strom wie 8 Atomkraftwerke (S. 50)."

7. Imperative des globalen Klimaschutzes
Chancen später Katastrophen-Verhütung (WBGU)

7.1 Notwendigkeit globaler Begrenzung der CO_2-Emissionen

Im Sondergutachten des Wissenschaftlichen Beirats der Bundesregierung Globale Umweltveränderung (WBGU), Kassensturz Budgetansatz[58] heißt es auf S.1f:

„Neue Erkenntnisse der Klimaforschung verdeutlichen, dass die physikalischen Spielräume für den Schutz der Erdatmosphäre sehr eng geworden sind. Ein globaler und nationaler „Kassensturz" ist dringend erforderlich.

- Einige Auswirkungen des Klimawandels schreiten deutlich schneller voran als bislang projiziert, vor allem der Meeresspiegelanstieg.
- Aus der 2° C-Leitplanke lässt sich das weltweit noch verfügbare Budget an CO_2-Emissionen ableiten. Bis zur Jahrhundertmitte dürfen höchstens noch etwa 750 Mrd. t CO_2 in die Atmosphäre freigesetzt werden, wenn die Leitplanke mit einer Wahrscheinlichkeit von 67 % eingehalten werden soll. Möchte man diese Wahrscheinlichkeit auf 75 % erhöhen, müssen die kumulativen Emissionen in jedem Fall weltweit nur noch in einer kleineren CO_2-Menge ausgestoßen werden. Die Ära der von fossilen Energieträgern angetriebenen Weltwirtschaft muss daher noch in der ersten Hälfte dieses Jahrhunderts zu Ende gehen.
- Zur Durchführung eines solch umfassenden Transformationsprozesses müssen markante Meilensteine gesetzt werden: Insbesondere ist eine Trendumkehr („Peaking") bei den globalen Emissionen bis spätestens 2020 notwendig, da sonst im Folgezeitraum Emissionsminderungen in einer Geschwindigkeit erforderlich wären, die die technischen, ökonomischen und sozialen Kapazitäten unserer Gesellschaften weit überfordern dürfte.

---

[58] Wissenschaftlicher Beirat der Bundesregierung Globale Umweltveränderung (WBGU), Kassensturz Budgetansatz, Berlin 2009, S.1f

Weltweiter CO_2-Ausstoß in Mrd. Tonnen pro Jahr

Länder	1990	Veränd. in %	2013
Übrige Schwellen + Entw.-Länder	8,2	+ 39%	11,4
China	2,5	+ 312%	10,3
Indien	0,7	+ 200%	2,1
Übrige Industrieländer	0,8	+ 37%	1,1
Japan	1,2	+ 17%	1,4
EU	4,3	- 14%	3,7
USA	5,0	+ 6%	5,5
gesamt	**22,7**	**+ 39%**	**35,3**

Quelle: PBL/EDGAR; zitiert nach Der Spiegel 9/2015 S. 61; Russland und internationaler Transport enthalten in übrige Schwellenländer

7.2 Warum eine globale Energiewende erforderlich ist

„(1) Der WBGU begründet[59], warum eine globale Energiewende erforderlich ist, um die natürlichen Lebensgrundlagen der Menschheit zu schützen und die Energiearmut in den Entwicklungsländern zu beseitigen. Nur durch einen grundlegenden Umbau der Energiesysteme lässt sich eine nicht nachhaltige Entwicklung wieder in nachhaltige Bahnen lenken. Eine globale Energiewende hätte nicht zuletzt auch friedensfördernde Wirkungen, da sie die Abhängigkeit von den regional konzentrierten Ölreserven senkt" (op.cit.S.1).

„(1.1) Die Nutzung fossiler Energieträger gefährdet natürliche Lebensgrundlagen (WBGU op.cit. 2003 S. 1)

---

[59] Wissenschaftlicher Beirat der Bundesregierung Globale Umweltveränderungen (WBGU), Welt im Wandel, Energiewende zur Nachhaltigkeit. Zusammenfassung für Entscheidungsträger, Berlin 2003, S.1-3 (Hervorhebungen, Fettdruck vom Verf.)

Die weltweite Energienutzung beruht heute zu 80% auf fossilen Energieträgern, mit steigender Tendenz. Bei ihrer Verbrennung gelangen Emissionen in die Umwelt, wo sie Klimaveränderungen, Luftverschmutzung und Krankheiten bei Menschen hervorrufen. Ihre Wirkung können Emissionen lokal (Grobstaub, Benzol, Ruß), regional (Aerosolpartikel, kurzlebige Gase) oder global (langlebige Treibhausgase) entfalten. Der globale Klimaschutz ist die überragende Herausforderung, die eine Energiewende dringend erforderlich macht. Die Emission langlebiger Treibhausgase, vor allem Kohlendioxid, aber auch Methan und Lachgas, trug in den vergangenen 100 Jahren wesentlich zu einer Erhöhung der mittleren Lufttemperatur in Oberflächennähe um 0,6° C bei. Für die nächsten 100 Jahre prognostiziert der internationale Ausschuss zu Klimaänderungen (Weltklimarat IPCC) eine Temperaturerhöhung zwischen 1,4 und 5,8° C, je nach dem Verhalten der Menschheit und ohne Berücksichtigung von Klimaschutzmaßnahmen. Der WBGU hält eine mittlere globale Temperaturänderung von mehr als 2° C gegenüber dem Wert vor der Industrialisierung für intolerabel. Durch die vorausgesagte Verschiebung der Klimaregionen sowie durch häufigere Wetterextreme wie Überschwemmungen und Dürren können die natürlichen Lebensgrundlagen von Millionen Menschen erheblich beeinträchtigt werden. Besonders bedroht sind die Entwicklungsländer. Bei empfindlichen Ökosystemen sind die Schäden schon jetzt nachweisbar. Das Risiko einer irreversiblen Schädigung von Ökosystemen nimmt mit zunehmender Erwärmung und steigender Erwärmungsrate zu. Bei der Verbrennung fossiler Energieträger entstehen neben Kohlendioxid auch Benzol- und Rußemissionen, die zahlreiche schädigende Wirkungen auf Gesundheit und Ökosysteme haben, sowie Stickoxide, Kohlenwasserstoffe und Kohlenmonoxid, die die Bildung von bodennahem Ozon fördern und die Reinigungskraft der Atmosphäre verringern. Stick- und Schwefeloxide sowie Ammoniak werden in der Atmosphäre chemisch umgewandelt und durch „Sauren Regen" in die Böden eingetragen. Das heutige Energiesystem schädigt also auf vielfältige Weise die natürliche Umwelt, gefährdet die Gesundheit und beeinflusst massiv biogeochemische Kreisläufe." (op.cit. 2003 S. 1)

„(1.2) Fehlender Zugang zu modernen Energieformen ist ein Problem für rund 2 Milliarden Menschen (op.cit. 2003 S. 2)
Die Verbesserung des Zugangs zu moderner Energie in den Entwicklungsländern ist ein grundlegender Beitrag zur Armutsbekämpfung und entscheidend für das Erreichen der Entwicklungsziele der UN Millenniumserklärung. Die Energieversorgung von rund 2,4 Mrd. Menschen hängt, insbesondere in ländlichen Gebieten Asiens und Afrikas, überwiegend oder vollständig von der Nutzung von Biomasse (Brennholz, Holzkohle oder Dung) zum Kochen und Heizen ab. In den Entwicklungsländern werden durchschnittlich 35 % der Energie aus Biomasse gewonnen, in Teilen Afrikas erreicht dieser Anteil bis zu 90 %. An den Emissionen aus der Verbrennung von Biomasse und Kohle in Innenräumen sterben laut WHO 1,6 Mio. Menschen jährlich, (Jan. 2017 meldet WHO 4,3 Mio. Tote p.a. vgl. Fazit 13 S.44) Eine Energiewende ist daher auch zur Überwindung der Entwicklungsprobleme unverzichtbar."

„(2) Der Korridor nachhaltiger Energiepolitik: Die Leitplanken für eine globale Energiewende (WBGU op.cit. 2003 S. 2)
Nachhaltige Transformationspfade werden durch so genannte „Leitplanken" begrenzt. Der WBGU definiert mit diesen Leitplanken jene Schadensgrenzen, deren Verletzung so schwerwiegende Folgen mit sich brächte, dass auch kurzfristige Nutzenvorteile diese Schäden nicht ausgleichen könnten. Beispielsweise würde eine zu späte Umsteuerung im Energiesektor zugunsten kurzfristiger wirtschaftlicher Vorteile die globale Erwärmung so weit vorantreiben, dass durch die zu erwartenden wirtschaftlichen und sozialen Verwerfungen die Kosten des Nicht-Handelns langfristig deutlich höher wären. Leitplanken sind keine Ziele: Es handelt sich nicht um anzustrebende Werte oder Zustände, sondern um Minimalanforderungen, die im Sinn der Nachhaltigkeit erfüllt werden müssen." (WBGU op.cit. 2003 S. 2).

**„(3) Die nachhaltige Energiewende ist machbar:
Testlauf für die Transformation der Energiesysteme**
Szenarien für die Energiezukunft können an den beschriebenen Leitplanken auf Nachhaltigkeit getestet werden. Prinzipiell sind viele Entwicklungen denkbar, die die gegenwärtigen weltweiten Energiesysteme nachhaltig umgestalten würden. Insofern ist das in diesem Gutachten entworfene Szenario als ein Beispiel zu verstehen. Ausgehend von Szenarien zur Stabilisierung der CO_2-Konzentration in der Atmosphäre auf maximal 450 ppm wird gezeigt, dass die globale Energiewende grundsätzlich in den kommenden 100 Jahren technisch und wirtschaftlich möglich ist (WBGU op.cit. 2003, S.2).

Der Pfad des WBGU hat vier zentrale Bestandteile:
a. Starke Minderung der Nutzung fossiler Energieträger
b. Auslaufen der Nutzung nuklearer Energieträger
c. Erheblicher Auf- und Ausbau neuer erneuerbarer Energieträger insbesondere der Solarenergie
d. Steigerung der Energieeffizienz weit über historische Raten hinaus.

Aus der Analyse dieses Pfades ergeben sich folgende Erkenntnisse:
- Weltweite Kooperation und Angleichung der Lebensbedingungen erleichtern eine schnelle Technologieentwicklung und -verbreitung. Hohes Wirtschaftswachstum kann dann in Verbindung mit einer starken Erhöhung der Energieproduktivität zu einer nachhaltigen Energieversorgung führen.
- Nur mit verbindlichen CO_2-Reduktionsvorgaben können Minimalanforderungen an den Klimaschutz erfüllt werden.
- Flankierend zur Energiepolitik sind auch Maßnahmen zur Minderung von Treibhausgasen in anderen Sektoren (in der Landwirtschaft z. B. von Lachgas und Methan) sowie zum Schutz natürlicher Kohlenstoffspeicher (z.B. Moore und Wälder) notwendig.
- Auch wenn hier ein beispielhafter Pfad auf der Basis einer Stabilisierung der CO_2-Konzentration in der Atmosphäre auf 450 ppm

entwickelt wurde, bedeutet dies aufgrund der Unsicherheiten des Klimaverhaltens keineswegs, dass dieses Stabilisierungsniveau als sicher gelten kann. Der WBGU empfiehlt, Optionen für niedrigere Stabilisierungskonzentrationen offen zu halten.

- Ein fossil-nuklearer Pfad ist selbst unter Einhaltung der Klimaschutzziele mit wesentlich größeren, für den WBGU intolerablen Risiken sowie mit weitaus höheren Umweltbelastungen verbunden. Zudem ist er mittel- und langfristig vor allem wegen der CO_2-Sequestrierungskosten (Kosten der Einlagerung, d. Verf.) deutlich teurer als ein Pfad, der auf regenerative Energieträger und Steigerung der Energieeffizienz setzt.
- Wegen der langen Vorlaufzeiten stellen die nächsten 10–20 Jahre das entscheidende Zeitfenster für den Umbau der Energiesysteme dar. Sollte der Umbau erst später eingeleitet werden, ist mit unverhältnismäßig hohen Kosten zu rechnen" (op.cit. 2003 S.2).

7.3 „Leitplanken nachhaltiger Energiepolitik[60]
Ökologische Leitplanken

Eine Temperaturänderungsrate über 0,2° C pro Jahrzehnt und eine mittlere globale Temperaturänderung über 2° C gegenüber dem Wert vor der Industrialisierung sind intolerable Werte einer globalen Klimaänderung.

Nachhaltige Flächennutzung

10–20 % der weltweiten Landfläche sollten dem Naturschutz vorbehalten bleiben. Nicht mehr als 3 % sollten für den Anbau von Bioenergiepflanzen bzw. für terrestrische CO_2-Speicherung genutzt werden. Dabei ist eine Umwandlung natürlicher Ökosysteme zum Anbau von Bioenergieträgern grundsätzlich abzulehnen. Bei Nutzungskonflikten muss die Sicherung der Nahrungsmittelversorgung Vorrang haben.

---

[60] WBGU, op.cit. 2003, S. 3

Schutz von Flüssen und ihren Einzugsgebieten
Wie bei den Landflächen, so sollten auch etwa 10–20 % der Flussökosysteme inklusive ihrer Einzugsgebiete dem Naturschutz vorbehalten sein. Dies ist ein Grund dafür, warum die Wasserkraft – nach Erfüllung der notwendigen Rahmenbedingungen (Investitionen in Forschung, Institutionen, Kapazitätsaufbau usw.) – nur in Grenzen ausgebaut werden kann.

Schutz der Meeresökosysteme
Der WBGU hält die Nutzung des Ozeans zur Kohlenstoffspeicherung nicht für tolerierbar, weil die ökologischen Schäden groß sein könnten und das Wissen über die biologischen Folgen zu lückenhaft ist.

Schutz der Atmosphäre vor Luftverschmutzung
Kritische Belastungen durch Luftschadstoffe sind nicht tolerierbar. Als erste Orientierung für eine quantitative Leitplanke kann festgelegt werden, dass die Belastungen nirgendwo höher sein dürfen, als sie heute in der EU sind, auch wenn dort die Situation noch nicht bei allen Schadstoffen zufriedenstellend ist. Eine endgültige Leitplanke muss durch nationale Umweltstandards und multilaterale Umweltabkommen definiert und umgesetzt werden.

Sozioökonomische Leitplanken
Zugang zu moderner Energie für alle Menschen
Der Zugang zu moderner Energie sollte für alle Menschen gewährleistet sein. Dazu muss der Zugang zu Elektrizität sichergestellt und die Nutzung gesundheitsschädigender Biomasse durch moderne Brennstoffe ersetzt werden.

Deckung des individuellen Mindestbedarfs an moderner Energie
Der WBGU erachtet folgende Endenergiemengen als Minimum für den elementaren individuellen Bedarf: Spätestens ab 2020 sollten alle Menschen wenigstens 500 kWh pro Kopf und Jahr an Endenergie und spätestens ab 2050 wenigstens 700 kWh zur Verfügung haben. Bis 2100 sollte der Wert auf 1.000 kWh steigen.

Begrenzung des Anteils der Energieausgaben am Einkommen
Arme Haushalte sollten maximal ein Zehntel ihres Einkommens zur Deckung des elementaren individuellen Energiebedarfs benötigen.
Gesamtwirtschaftlicher Mindestentwicklungsbedarf
Zur Deckung des gesamtwirtschaftlichen Mindestenergiebedarfs pro Kopf (für indirekt genutzte Energiedienstleistungen) sollte allen Ländern mindestens ein Bruttoinlandsprodukt pro Kopf von etwa 3.000 US-Dollar 1999 zur Verfügung stehen.
Risiken im Normalbereich halten
Ein nachhaltiges Energiesystem sollte auf Technologien beruhen, deren Betrieb im „Normalbereich" der Umweltrisiken liegt. Die Kernenergie kollidiert mit diesen Anforderungen insbesondere durch intolerable Unfallrisiken und ungeklärte Abfallentsorgung sowie wegen der Risiken durch Proliferation und Terrorismus.
Erkrankungen durch Nutzung schädlicher Energie vermeiden
Die lokale Luftverschmutzung durch Verbrennung von Biomasse in Innenräumen und durch Nutzung fossiler Energieträger in Städten verursacht weltweit schwere Gesundheitsschäden. Die hierdurch verursachte Gesundheitsbelastung sollte in allen WHO-Regionen jeweils 0,5% der Gesamtgesundheitsbelastung (gemessen in DALYs disability adjusted life years) nicht überschreiten" (op.cit. S. 3).

7.4 Ethische Grundlagen globaler Klimapolitik[61]

„Vorschläge für eine Verteilung von Emissionsrechten haben besonders dann gute Chancen, international akzeptiert zu werden, wenn sie von möglichst vielen Beteiligten als grundsätzlich gerecht empfunden werden. Der WBGU schlägt daher vor, sich an drei Prinzipien zu orientieren: dem Verursacher-, dem Vorsorge- und dem Gleichheitsprinzip.

---

[61] WBGU, Sondergutachten, Kassensturz, Budgetansatz op.cit., 2003, S. 22

Gemäß *Verursacherprinzip* ergibt sich für Industrieländer aufgrund ihrer hohen kumulierten Emissionen in der Vergangenheit die besondere Verpflichtung zu Treibhausgasreduktionen. Kommen die Industrieländer dieser Verpflichtung nicht nach, wird kein globaler Klimavertrag zustande kommen. ... und auf der Grundlage der 2° C-Leitplanke ist das *Vorsorgeprinzip* im Sinne rechtzeitigen Handelns zur Verhinderung irreversibler Schäden für gegenwärtige und zukünftige Generationen zu beachten. Das durch die 2° C-Leitplanke begrenzte globale Emissionsbudget erfordert, dass nicht nur die Zukunft der Industrieländern, sondern auch jene der Schwellen- und Entwicklungsländer möglichst klimaverträglich gestaltet werden muss. Eine primär auf fossilen Energieträgern beruhende nachholende Entwicklung in Afrika, Asien und Lateinamerika würde die natürlichen Lebensgrundlagen der Menschheit aufs Spiel setzen.

Umgekehrt gibt es kein Naturrecht der Menschen in den Industrieländern auf Pro-Kopf-Emissionen, welche die der Entwicklungsländer um ein Vielfaches übersteigen. Das *Gleichheitsprinzip*, welches ein unterschiedsloses Recht Einzelner auf Nutzung globaler Gemeinschaftsgüter postuliert, wird von vielen Staaten anerkannt. Es ist aber noch nicht rechtlich verankert. Die UN-Generalversammlung (Resolution 43/53, 1989) und die Klimarahmenkonvention (Präambel UN-FCCC, 1992) stellen fest, dass Änderungen des Erdklimas und ihre nachteiligen Auswirkungen eine gemeinsame Sorge der Menschheit sind („**common concern of mankind**") (WBGU op.cit. 2003 S.22).

„Diese Sorge lässt gerechtigkeitstheoretisch keine Differenzierung nach einzelstaatlichen oder individuellen Interessen zu (Rawls, 1971) ... Das Gleichheitsprinzip legt eine Orientierung an den Pro-Kopf-Emissionen bei der Festlegung nationaler Emissionsbudgets nahe. Der WBGU schlägt eine solche Verteilung vor und unterstützt damit eine gemeinsame Einschätzung der deutschen Bundeskanzlerin Merkel und des indischen Ministerpräsidenten Singh, dass die langfristige Konvergenz der Pro-Kopf-Emissionsraten einer der wichtigsten

Leitsätze für den internationalen Klimaschutz sein sollte (Bundesregierung 2007) ... Eine Ungleichbehandlung von grundsätzlich Gleichen ist dann möglich, wenn sie unter Beachtung der genannten anderen Prinzipien (Verantwortungs- und Verursacherprinzip) sachlich überzeugend gerechtfertigt werden kann. ... In Anerkennung der genannten Prinzipien und mit Blick auf die 2° C-Leitplanke schlägt der WBGU vor, bei den weiteren Klimaverhandlungen nicht mehr einzelne Reduktionsanforderungen für verschiedene Ländergruppen oder einzelne Länder zu verhandeln, sondern auf der Grundlage der dargelegten ethischen Prinzipien in erster Näherung die gleiche Pro-Kopf-Verteilung von Emissionsrechten anzuwenden"(op.cit. S. 22).

„Zwei politische Optionen der Ausgestaltung (op.cit. 2003 S. 25)
... Angesichts der erheblichen Risiken, die mit einer über 2° C hinausschießenden Erderwärmung verbunden sind, sind die hier angesetzten Wahrscheinlichkeiten 75 % und 67 % der Notwendigkeit geschuldet, einen Kompromiss zwischen wissenschaftlich Erforderlichem und sowie ökonomisch politisch Machbarem einzugehen. ... "

Option I: Historische Verantwortung
In dieser Option beginnt der Referenzzeitraum 1990. Dabei verursacht die hohe zwischenzeitliche Emission der Industrieländer für diese in der Restlaufzeit bis zur Jahrhundertmitte ein geringeres Restbudget. Es ergibt sich ein Vorteil für Schwellen- und Entwicklungsländer.

Option II: Zukunftsverantwortung
Der WBGU empfiehlt eine gleiche Pro-Kopf-Verteilung der zukünftig noch zulässigen Emissionen von insgesamt 750 Mrd. t CO_2 aus fossilen Quellen von 2010 – 2050. In dieser Option würde (auf Basis der Weltbevölkerung von 2010) jedem Menschen in der Zeit von 2010 bis 2050, also für 40 Jahre, ein Emissionsbudget von etwa 2,7 t pro Jahr CO_2 zustehen, jedoch mit deutlich fallender Tendenz, denn ab 2050 müssten bei wachsender Erdbevölkerung die jährlichen Pro-Kopf-Emissionen auf etwa 1 t CO_2 zurückgeführt worden sein.

In dieser Option würde die EU 2022 ihr und Deutschland 2020 sein gesamtes Budget verbraucht haben und darauf angewiesen sein, von Entwicklungsländern (mit niedrigerer CO_2-Emission) Emissionsrechte zu erwerben. Das gesamte Problem der globalen Energiewende ist also offenbar nur erreichbar mit einem effizienten Handel von Emissionsrechten zu ganz anderen Preisen als heute ca. 7,- € pro t CO_2, denn der Handel mit Emissionsrechten muss zum Antrieb der notwendigen Investitionen werden (op.cit. 2003 S.27).

Fazit 17: „Zehn Gründe für die CO_2-Budgetierung
(op.cit.2003, S.39 f.)
1. Globale Verantwortung, Gerechtigkeit und Vorsorge
2. Radikale Vereinfachung der Klimaverhandlungen
3. Grundlagen eines historischen Klimakompromisses
4. Transparenz über Emissionsbudgets
5. Verknüpfung nationaler Handlungsspielräume mit internationaler Rechenschaftspflicht
6. Anreize für langfristiges Handeln
7. Knappheitssignale erhöhen Effizienz
8. Klimaschutz stärkt Wettbewerbsfähigkeit
9. Neue Chancen für internationale Kooperation
10. Klare Rahmenbedingungen für klimaverträgliche Weltwirtschaft"

Internationale Kooperationsrevolution[62]
„Eine globale Herkulesaufgabe steht an
Wenn die Nationen ihren Verbrauch an fossilen Energieträgern fortsetzen, drohen sie das Erdsystem irreversible zu beschädigen und die Menschheit in eine instabile, konfliktgeladene Zukunft zu führen (WBGU 2008; Messner und Rahmstorf). Die wichtigsten Emittenten verfügen durchaus über das Potenzial, die Klimakrise durch Kooperationsverweigerung zu beschleunigen; dies gilt für die hauptverantwortlichen Industrieländer, aber auch für bevölkerungsreiche Wachs-

---

[62] WBGU Kassensturz 2003, op.cit. S.47 f.

tumsländer wie China und Indien sowie für Länder, die über große Wälder mit momentan hohen Entwaldungsraten verfügen, wie Brasilien, Indonesien, Malaysia, Myanmar und die DR Kongo. Die internationale Klimapolitik muss diesen gordischen Knoten zerschlagen und im Dezember 2009 in Kopenhagen die „Kohlenstoffabrüstung" auf breiter Front einleiten." Das war vor sechs Jahren und ist nicht erfolgt!

8. Zukunft der Europäischen Union: Solidarität statt Spaltung - Aspekte einer politischen Systemanalyse

Von außen lasten hohe Staatsschulden durch Bankenrettung in der Finanzkrise und hoher Migrationsdruck auf der Europäischen Union. Zukunftssorgen und -zweifel gewinnen an Raum, wegen Armut und Krieg bei den Nachbarn, wachsender Unterschiede zwischen Wohlstand mit schwachem Wirtschaftswachstum im Norden und Rezession mit krasser Arbeitslosigkeit und Not, vertieft durch Sozialabbau, im Süden. Diese Probleme der EU verursachen Fliehkräfte und werden gefährlich verschärft durch die Ukrainekrise, die von der EU durch Vernachlässigung der Interessen Russlands mitverursacht wurde (vgl. Scholl-Latour, Russland im Zangengriff).

Deshalb müssen wir die wichtigsten gegenwärtigen <u>Stärken</u> und <u>Schwächen</u> sowie die zukünftigen <u>Risiken</u> und <u>Chancen</u> der Union bedenken. Ohne realistische Einschätzung der Ausgangslage könnte der falsche Glaube genährt werden, die zukünftigen Chancen seien einfach zu erhalten, obwohl sie in Wirklichkeit die Frucht eines gefahrvollen steil ansteigenden Weges sein werden. Hier können nur einige Hauptaspekte skizziert werden. Im Text und Anhang nenne ich Quellen zur Vertiefung.

8.1 Stärken der Europäischen Union :
Freiheit, Frieden und Wohlstand für viele

Die EU ist die Weiterentwicklung des gemeinsamen Marktes mit 2014 507,4 Mill. Einwohnern. Die wirtschaftliche Verflechtung und hohe Produktivität (Leistung pro Kopf) in Verbindung mit vielfältiger Freizügigkeit der Bürger verleihen der Union hohes wirtschaftliches Potenzial und internationale Anerkennung. Die EU gehört, dank ihrer vielseitigen Menschen, effizienten Wirtschaftsordnung, der Sozialen Marktwirtschaft, mit zum Teil hoch flexiblen und sehr innovativen Unternehmen sowie hochentwickelten Sozialsystemen, zu den attraktivsten, wohlhabendsten Regionen der Welt.

Die EU ist, auf den Werten der französischen Revolution Freiheit, Gleichheit und Brüderlichkeit und den Fortschritten der Aufklärung, insbesondere Beherrschung der Natur durch technischen Fortschritt und der amerikanischen Verfassung, aufbauend als Bündnis konkurrierender Nationalstaaten geschaffen worden. Die Mitgliedsstaaten haben zur wechselseitigen Stärkung der Mitglieder, durch eine Reihe von Verträgen und europäischen Gesetzen, Teile ihrer Souveränität an die Institutionen der EU, Kommission, Rat (Treffen der Regierungschefs) und Europäischen Gerichtshof sowie das Europaparlament übertragen. Die Freizügigkeit des Warenverkehrs ist schrittweise durch eine Vielzahl an Gemeinsamkeiten ergänzt worden, von denen ich die freie Wahl des Arbeitsplatzes und der Niederlassung sowie Programme zur Förderung der Jugend durch Vereinheitlichung des Hochschulwesens (den Bolognaprozess) und für den Studentenaustausch (das Sokratesprogramm) als Beispiele erwähne. Zur Vertiefung der Kenntnis des gemeinsamen kulturellen Erbes verweise ich auf das Buch: A.G. Lehmann, The European Heritage,[63]

---

[63] A.G. Lehmann, The European Heritage, An Outline of Western Culture, Oxford 1984

Zum Verständnis der Institutionen und ihrer Aufgaben verweise ich auf Werner Weidenfeld, Die Europäische Union.[64]

8.2 Schwächen der Europäischen Union:[65]
Spaltung in Gewinner und Verlierer

Der Europäische Rat der 27 Regierungschefs hat in der Finanzkrise den Zusammenbruch des Systems verhindert und einen Hilfsfonds geschaffen und Regeln für mehr Eigenhaftung der Banken erlassen. Das belegt beachtliche Stärke. Aber die rigorosen Sparauflagen des sogenannten Stabilitätspaktes schwächen die Wirtschaft der Krisenländer durch Investitionsmangel und Arbeitslosigkeit. Es fehlt den national gewählten Ratsmitgliedern die Fähigkeit, die sehr unterschiedlichen Problemlagen der einzelnen Mitgliedsländer anzuerkennen und gesamteuropäisch zu lösen. Dieser Defekt hat sich beim Ansturm der Flüchtlinge als gravierendes Hindernis erwiesen und ist bis heute nicht überwunden. Viele Bürger der EU verlieren das Vertrauen in die Institutionen der Union, weil sie ihre Arbeitsplätze verloren haben oder in Gefahr sehen.

Habermas[66] benennt die wohl wichtigste Schwäche der EU. Er schreibt (S. 99): „Was mich am meisten beunruhigt, ist die himmelschreiende soziale Ungerechtigkeit, die darin besteht, dass die sozialisierten Kosten des Systemversagens die verletzbarsten sozialen Gruppen am härtesten treffen. Nun wird die Masse derer, die ohnehin nicht zu den Globalisierungsgewinnern gehören, für die realwirtschaftlichen Folgen einer vorhersehbaren Funktionsstörung des Finanzsystems noch einmal zur Kasse gebeten. Und dies nicht wie die

---

[64] Werner Weidenfeld, Die Europäische Union, München 2013
[65] Wesentliche Analysen und Vorschläge zur Überwindung der Krise der EU liefern: Piketty, die Schlacht um den Euro; Simms; Zeeb, Europa am Abgrund; Steinmeier, Europa ist die Lösung und Stiglitz, Europa spart sich kaputt. Näheres vgl. Literaturverzeichnis. Die m.E. wichtigsten Aussagen der genannten Autoren stelle ich im Folgenden vor.
[66] Jürgen Habermas, Verfassung Europas, op.cit. S.99

Aktienbesitzer in Geldwerten, sondern in der harten Währung ihrer alltäglichen Existenz. Auch im globalen Maßstab vollzieht sich dieses strafende Schicksal an den ökonomisch schwächsten Ländern."

Dies ist das entscheidende Übel, das in der EU antieuropäische Protestparteien begünstigt. Diese Entwicklung wird beschleunigt durch den anhaltenden Vertrauensschwund in die proeuropäischen Volksparteien. Eine rechtsnationale Regierung in Ungarn und die linksradikale neue Regierung in Griechenland sind zusammen mit der rechtsliberalen eurokritischen Alternative für Deutschland (AfD) die Vorboten einer möglichen Präsidentschaft von Frau le Pen vom offen europafeindlichen Front National in Frankreich, die man bei Fortdauer der aktuellen sozialen Miseren nicht ausschließen kann. Eine Präsidentschaft von Frau le Pen in Frankreich hat der frühere deutsche Außenminister Joschka Fischer mit den Worten kommentiert: „Dann ist die EU am Ende." Die Brexitentscheidung und Trump-Wahl zwingen die Eurozone zur Konsolidierung, um gemeinsam in den globalen Krisen standhalten, zu können.

Mitglieder der deutschen Regierung loben einen leichten Anstieg der Exporte bei sinkenden Importen als Anzeichen des Erfolgs der Austeritätspolitik (des Sparens ohne Investieren) in Spanien und Portugal. Die ungelöste Tragödie der Jugendarbeitslosigkeit wird ausgeblendet und politische Defizite werden vertuscht.

Faktencheck: Am 6.4.15 veröffentlicht Zeit Online den Aufschrei von Lidia de las Heras: „Gebt uns Arbeit!" Sie hat vor fünf Jahren mit guten Noten ihr Studium als Master für Schulpsychologie an der Universität in Madrid abgeschlossen, aber findet seitdem keine Stellung. Zeit Online fährt fort: „Weil es kaum Stellungen gibt, heißen Menschen unter 35 in Spanien die „generación perdida", verlorene Generation. Viele junge hoch qualifizierte Spanier, von denen 3,5 Millionen seit 2008 ihren Arbeitsplatz verloren haben, ziehen zurück zu ihren Eltern. 41 Milliarden Euro hat allein die Rettung der Großbanken rund um das Skandalhaus Bankia verschlungen." Ich halte das für eine Verletzung der Menschenwürde, der Deutschland nach Artikel 1 des Grundgesetzes verpflichtet ist. Wir müssen hier nicht über die bekannten konzeptionellen Unvollkommenheiten der EU nachdenken, sondern über die Vernachlässigung ihrer Grundwerte durch soziale Spaltung, aus der ihr Untergang entstehen kann. Dabei geht es vor allem um alternative Strategien, also Ziele und Wege zur Abwendung der zwei Hauptgefahren der EU:

(1) <u>Gegen die Jugendarbeitslosigkeit und Perspektivlosigkeit der Schwächeren in den Krisenländern Südeuropas muss ein solidarischer europäischer Entwicklungsplan mit konkreten Projekten zügig erarbeitet und auf den Weg gebracht werden</u> (vgl. dazu Pkte. 8.3 und 8.4). Das Investitionsprogramm des Kommissionspräsidenten erfüllt aus mehreren Gründen diese Bedingung nicht. Seine Abhängigkeit vom guten Willen privater Investoren ist groß und deshalb sein Erfolg ungewiss. Mit einem Garantiebetrag von etwa 10 % soll das zehnfache Investitionsvolumen angestoßen werden. Das ist nicht nur ungewiss, es überlässt auch dem Markt die Entscheidung über die Realisierung der Projekte. Entschlossenes Regierungs- und Kommissionshandeln sähe anders aus.

(2) <u>Über die Rückzahlung von Schulden und Gewährung neuer Kredite an einzelne Krisenländer ist in Abhängigkeit von ihrem unterschiedlichen Finanzbedarf und ihrer jeweiligen Schuldentragfähigkeit nach Klärung von Punkt (1) zu verhandeln und zu entscheiden. Dies muss so erfolgen, dass die Realwirtschaft nicht in die Depression gezwungen wird, sondern die vereinbarten Zinsen und Tilgung erwirtschaftet werden können.</u> Alles andere kann - wie Deutschland in der Weimarer Republik erfahren hat - zu Zusammenbruch und Ablösung von Demokratien durch Diktaturen führen. Die ständige Wiederholung deutscher Politiker, man dürfe sich nicht in die inneren Angelegenheiten anderer Mitgliedsländer einmischen, ist nicht professionell. Dieser Standpunkt vernachlässigt die Verantwortung der Regierung für die Gelder ihrer Steuerzahler. Zukunftsfähig

und richtig ist allein die Beschränkung der Gewährung von Hilfsgeldern auf professionell geplante Projekte mit wohlbegründetem Mittelzu- und Mittelrückfluss. Jede gute Bank, die in Krisensituationen Kredit gewährt, tut dies nur nach ihren Regeln, wenn nötig, mit ihrer Mitwirkung und mit ihrer laufenden Projektkontrolle. Die Miseren in Spanien und Portugal sprechen dafür, dass erhebliche Fehler gemacht worden sind.

Ich will deshalb in den folgenden Abschnitten 8.3 einen Maßnahmen-Katalog zur Reindustrialisierung der Krisenländer der EU und in 8.4 ein bewährtes Vorgehen zur Definition realwirtschaftlicher Investitionsprioritäten erläutern, das ich aus persönlicher praktischer Erfahrung für erfolgsentscheidend halte.

Bevor ich zum Thema Chancen komme, muss ich noch auf das Flüchtlingsproblem eingehen, bei dessen Behandlung die EU Uneinigkeit und Schwächen zeigt, obwohl alle Anzeichen darauf hindeuten, dass das Problem weltweit größer wird. Deshalb ist, wie unser Innenminister richtig gesagt hat, eine Bekämpfung der Ursachen notwendig. Konkretes hat er allerdings offen gelassen. Es muss deshalb hier erwähnt werden.

Die Tragödien von Lampedusa bestätigen die Dringlichkeit, nicht nur in Krisenländern Südeuropas sondern auch in Krisenländern der 3. Welt, „Sklavenarbeit" nicht zu tolerieren sondern Beschäftigung mit menschenwürdigen Arbeitsbedingungen und fairer Entlohnung zu schaffen. Deshalb ist es mit Vorrang notwendig, in der internationalen Wirtschaft für Fairness d.h. auskömmliche Löhne und korrekte Arbeitsbedingungen nach UN-Standards der ILO (International Labour Organization) zu sorgen. Nur dadurch kann man den Zusammenbruch der auf Lohndumping und Rohstoffraubbau basierenden Weltwirtschaft verhindern. Wegen des deutschen Grundgesetzes und der Europäischen Menschenrechtskonvention ist es überfällig, Unternehmen der EU durch Änderung der europäischen Gesetze für Schäden haftbar zu machen, die sie Menschen und Umwelt außerhalb der EU zufügen. Dies fordert die European Coalition for Corporate Justice (CorA) und begründet Jürgen Habermas[67] mit den folgenden Worten: „Die Erfahrungen von Exklusion, Elend und Diskriminierung lehren, dass die klassischen Grundrechte erst dann den gleichen Wert (Rawls) für alle Bürger haben, wenn soziale und kulturelle Rechte hinzutreten. Die Ansprüche auf eine angemessene Teilhabe an Wohlstand und Kultur ziehen der Abwälzung systemisch erzeugter Kosten und Risiken auf Einzelschicksale enge Grenzen. Sie richten sich gegen die Ausspreizung großer sozialer Unterschiede und gegen den Ausschluss ganzer Gruppen aus dem Gesamtkreislauf von Kultur und Gesellschaft. Eine Politik, wie sie in den letzten Jahrzehnten ... in der ganzen Welt vorgeherrscht hat, ... die vorgibt, den Bürgern ein selbstbestimmtes Leben primär über die Gewährung von Wirtschaftsfreiheiten garantieren zu können, zerstört das Gleichgewicht zwischen den verschiedenen Kategorien von Grundrechten. Die Menschenwürde, die überall für jedermann dieselbe ist, begründet die Unteilbarkeit der Grundrechte."

Dieses bedenkend verrät eine Partei oder Regierung, die sich christlich oder sozial nennt, ihre angeblichen Werte, wenn sie im angeblichen Interesse des eigenen Wahlvolkes eine Politik verfolgt, die durch massiven Sozialabbau und gravierende Arbeitslosigkeit in anderen Ländern Verletzungen der Menschenwürde verschärft. Und genau das sind die Folgen der von der deutschen Kanzlerin maßgeblich vertretenen Sparmaßnahmen in den südeuropäischen Krisenländern, die die Notwendigkeit von Investitionen mit Beschäftigungsimpulsen vernachlässigen. Für die Eröffnung zukünftiger Chancen gilt deshalb seit Beginn der Krise in 2008 folgendes:

(1) Es ist notwendig, die zukünftigen Finanzhilfen für Südeuropa zwingend mit kontrollierbaren beschäftigungswirksamen Projekten

---

[67] Jürgen Habermas, Zur Verfassung Europas, op.cit., S.20

zu verbinden. (Stichwort Marshallplan). Dazu sind die - absurderweise verteufelten - Eurobonds (als Projektanleihen) mit Zweckbindung an konkrete realwirtschaftliche Projekte viel besser geeignet und kontrollierbar als der unkontrollierbare Aufkauf maroder Staatsanleihen durch die EZB. D.h. die fälschlich geleugnete bereits bestehende *„Schuldenunion"* muss Beschäftigung schaffend zukunftsfähig weiterentwickelt werden. Die Mehrheit weiß das heute. Die Ausgestaltung von ESM, ESFM und Bankenunion sind Schritte in richtiger Richtung. Aber diese Schritte sind keine aktive Wirtschaftsförderung.

(2) Es ist notwendig, dass die EU durch Gesetzesänderung den Konzernen das Handwerk legt, die ihre Gewinne verantwortungslos im Ausland aus „Sklavenarbeit" ähnlichen Verhältnissen steigern. Dies wird nur wirksam erfolgen, wenn die EU Importeure strafbewährt zum Nachweis menschenwürdiger Entlohnung und Einhaltung minimaler Sozialstandards bei ihren ausländischen Herstellern verpflichtet. Sonst werden fundamentale Verstöße gegen die Menschenrechtskonvention der EU und Artikel 1 des Grundgesetzes durch menschenverachtende Ausbeutung bei ausländischen Lieferanten weiter unser Wertesystem unterminieren und wird der Migrationsdruck weiter steigen! – Gleichzeitig muss die Umgehung von Mindestlohn durch Werkverträge strafbewährt unterbunden werden.

8.3 Chancen: „Der Weg aus der Krise –
Wachstum und Beschäftigung"[68] (SPD Vorschlag 15.5.2012)
Ein ausgewogenes Ziel- und Arbeitsprogramm für eine solidarische Unterstützung der südeuropäischen Gesellschaften auf ihrem Weg zurück zu mehr Gerechtigkeit und Menschenwürde für ihre Bürger.

---

[68] S. Gabriel, F.-W. Steinmeier und P. Steinbrück, Der Weg aus der Krise, Wachstum und Beschäftigung, Berlin 15.5.2012

Ich zitiere mit freundlicher Genehmigung der SPD - gekürzt - das Programm wie folgt:

„Die ökonomischen und sozialen Folgen einer einseitig auf Ausgabenkürzungen abzielenden Politik sind fatal. Europa droht daran zu zerbrechen. So hat sich in den vergangenen zwei Jahren (2010 – 2012) die europäische Krise nicht entspannt, sondern verschärft, und die Kreditrisiken, für die Deutschland haften muss, sind nicht gesunken, sondern massiv gestiegen.

Die gegenwärtige Krise Europas ist ganz wesentlich die Folge der Finanzmarktkrise. Seit 2008 ist die Arbeitslosigkeit in Spanien von 11,3 % auf heute 24,1 %, in Griechenland von 7,7 % auf 21,7 %, in Portugal von 8,5 % auf 15,3 % und in Irland von 6,3 % auf 15 % gestiegen. 17,4 Millionen Menschen sind heute in den Ländern des Euroraums arbeitslos. Die Jugendarbeitslosigkeit ist in einigen Ländern auf bis zu 50 % gestiegen. Zugleich rutscht die Eurozone in die Rezession. Die öffentliche Verschuldung in Europa ist nach 2008 vor allem auch deshalb gestiegen, weil Staaten gezwungen waren, Banken zu retten und für faule Kredite im Privatsektor zu haften ... Wir müssen die Verursacher an den Krisenkosten beteiligen ... Zu hohe Schulden bringen die Staaten in eine gefährliche Abhängigkeit von den Finanzmärkten und sind auf Dauer unsozial, weil immer mehr hart erarbeitete Steuermittel in Form von wachsender Zinsbelastung an die Kapitalgeber fließen. Auf tragfähige Haushalte ausgerichtete konjunkturgerechte Schuldenregeln in ganz Europa sind daher sinnvoll (!). <u>Dauerhafter Schuldenabbau aber wird nur mit wirtschaftlicher Dynamik und mit Wachstum in neuen innovativen und zukunftsfähigen Branchen gelingen</u>.

Wir brauchen eine Weichenstellung in Richtung Realwirtschaft: weniger spekulative und kurzfristig angelegte Wertschöpfung, mehr innovative Wertschöpfung in Produktion und produktionsnahe Dienstleistungen, mit mehr Investitionen in Bildung, Forschung und Entwicklung sowie in Infrastrukturen, die den Strukturwandel befördern, etwa dringend erforderliche Stromnetze. Zu diesem Richtungswechsel gehört eine entschlossene Regulierung und eine gerechte Besteuerung der Finanzmärkte. Investitionen in neues Wachstum dürfen nicht zu neuen Staatsschulden führen. Ihre Finanzierung kann vielmehr durch Einnahmen aus einer Finanztransaktionssteuer abgesichert werden." Die Autoren fahren fort:

„**I. Jetzt handeln – für Wachstum, Beschäftigung und eine neue Ordnung der Finanzmärkte**
  (1) Ein Europäisches Sofortprogramm gegen Jugendarbeitslosigkeit
... Dass in Europa über fünf Millionen junge Menschen, viele von ihnen gut ausgebildet, ohne Arbeit sind, gefährdet nicht nur den sozialen Zusammenhalt unserer Gesellschaften. Auch die europäische Einigung droht Schaden zu nehmen.

Deshalb müssen jetzt rasch verbindliche Ziele und Maßnahmen gegen Jugendarbeitslosigkeit europaweit vereinbart werden. Ziel muss sein, die Jugendarbeitslosigkeit in Europa in den nächsten fünf Jahren zu halbieren ... die Finanzierung eines Sofortprogramms kann kurzfristig aus bisher nicht zugewiesenen Mitteln, vor allem aus dem Europäischen Sozialfonds (ESF) erfolgen. Vor allem die folgenden politischen Schwerpunkte müssen vereinbart und umgesetzt werden:

- die Erleichterung der europaweiten Mobilität, insbesondere für junge Arbeitssuchende, durch bessere Anerkennung beruflicher Qualifikationen und einen Mobilitätsfonds, der Sprachtraining anbietet.
- Eine „Jugendgarantie", die das Recht auf Aus- und Weiterbildung innerhalb von vier Monaten nach Erhalt eines schulischen Abschlusszeugnisses einführt und dabei auf betriebliche bzw. betriebsnahe Qualifikation zielt; Anreize für Unternehmen, Jugendliche auszubilden und neu einzustellen, unter anderem durch zeitlich befristete Zuschüsse aus dem ESF.

- Ein europäisches „Bündnis für Ausbildung und Arbeitsplätze", ... um durch grenzüberschreitende Ausbildungs- und Jobprogramme Jugendliche in Beschäftigung zu bringen, die Förderung junger Existenzgründer/innen, eine Qualitätscharta für Praktika, der Ausbau des europäischen Freiwilligendienstes und der Programme ERASMUS und LEONARDO.

(2) Eine wirksame Bekämpfung der Finanzmarkt- und Bankenkrise

... Banken werden zu Lasten von Staaten und Steuerzahlern saniert, ohne dass es zur durchgreifenden Regulierung und zur Vorsorge für künftige Krisen kommt. Damit muss Schluss sein. Wir brauchen:

- die Einführung einer europäischen Finanztransaktionssteuer zur Eindämmung der Spekulation und, um mit den Mitteln (selbst laut EU-Kommission ca. 57 Mrd. Euro in Europa) europäische Wachstumsimpulse zu geben ...
- die Haftung der Banken, mit der Rettung unterkapitalisierter Banken muss Schluss sein ...
- eine europäische Bankenaufsicht, die dafür sorgt, dass die Banken der Realwirtschaft dienen
- wirkungsvolle Regulierung von Schattenbanken
- eine europäische Ratingagentur zur unabhängigen Beurteilung der Bonität von Ländern.

(3) Ein europäisches Wachstums- und Beschäftigungsprogramm zügig umsetzen,
anstatt ausschließlich auf Deregulierung und Sozialabbau zu setzen, Wachstum und Beschäftigung durch ökologische Industriepolitik, Förderung lokal orientierter Solar-Energieerzeugung in Südeuropa.

- Förderung von technologischer Innovation und verstärkte öffentliche und private Investitionen
- Ausbau moderner transeuropäischer Infrastrukturnetze, ...Ausbau Erneuerbarer Energien in Südeuropa einschließlich der notwendi-

gen Leitungen nach Mittel- und Nordeuropa, Modernisierung der Hafensysteme, Ausweitung der Progranne zur Gebäudesanierung.

(4) Einen europäischen Investitions- und Aufbaufonds schaffen, der nicht über zusätzliche Staatsverschuldung gespeist wird.

- Die EU-Strukturfonds wirksamer nutzen
  Es gibt drei Strukturfonds, den Europäischen Sozialfonds (ESF), den Europäischen Fonds für Regionale Entwicklung (EFRE) und den Kohäsionsfonds. Insgesamt stehen in der laufenden Förderperiode (2007-2013) in allen drei Fonds 308 Mrd. zur Verfügung. 232 Mrd. sind im Mai 2012 noch nicht ausgezahlt – davon entfallen auf Griechenland 13 Mrd. Euro. Von diesen sind 4 Mrd. Euro noch keinem Projekt zugewiesen.

- Die Europäische Investitionsbank (EIB) stärken
  Die EIB ist Eigentum der 27 EU-Mitgliedstaaten. Sie leiht sich Geld auf den Kapitalmärkten und vergibt Darlehen zu niedrigen Zinsen zur Finanzierung von Projekten, die zur Verbesserung von Infrastruktur, Energieversorgung oder Einhaltung von Umweltstandards beitragen..

  Europäische Projektanleihen einführen
  Um weitere finanzielle Ressourcen für eine solche zielgerichtete europäische Wachstums- und Innovationspolitik zu erschließen und den Fluss von privatem Kapital in investive Verwendung in Gang zu setzen, sind europäische „Projektanleihen" ein geeignetes Instrument.
  (Ergänzung vom Verfasser: Sie sichern kontrollierbare Verwendung in Projekten der Realwirtschaft auf der Grundlage vorangegangener Wirtschaftlichkeitsprüfung und bieten deshalb die Chance für weit größere Sicherheit sowie Steuerungs- und Kontrollmöglichkeit als nicht projektgebundene Staatsanleihen an Krisenstaaten und in Misskredit gebrachte Eurobonds.)

(5) Unterstützung der öffentlichen Administration, damit notleidende Staaten zusätzliche Mittel effizienter abrufen und einsetzn können. Hierfür können die „Phare Programme" der Europäischen Union genutzt werden.

II Europa neu ausrichten durch eine Wirtschafts-, Finanz- und Sozialunion (Erläuterungen hierzu enthält das Original)
1. Wirtschafts- und Finanzunion aufbauen
2. Europäischen Schuldentilgungsfonds einführen
3. Strukturwandel im EU-Haushalt durchführen
4. Industrielle Erneuerung - mit starker gemeinsamer Industriepolitik
5. Strukturreformen für mehr Rechtsstaatlichkeit und Wettbewerbsfähigkeit
6. Europäische Sozialunion aufbauen
7. Sozialen Stabilitätspakt für Europa einführen" (Ende des Zitats des Programmvorschlags von Gabriel, Steinmeier, Steinbrück).

8.4 Planungsprozess für demokratische Strategieentwicklung
Um einem Land einen positiven und ausgewogenen Entwicklungsimpuls in allen wichtigen Funktions- und Lebensbereichen zu ermöglichen, gibt es folgende erprobte Arbeitsabläufe und Arbeitsmethoden. Sie wurden mit hohem Engagement, bester Professionalität und gutem Erfolg von französischen Experten bei der Entlassung von Frankreichs Kolonien in die Unabhängigkeit angewendet; mit Investitions-Prioritäten für Hilfe zur Selbsthilfe viel weitergehend als die „Troika" von IMF, EZB und EU-Kommission:

(1) Die Planungsaufgaben müssen (ähnlich der Ethikkommission zur Energiewende) auf **sektorale Fachkommissionen** aufgeteilt werden, z.B. für a) Infrastruktur und Transport, b) Industrie, Energie und Gewerbe, c) Landwirtschaft und Forsten, e) Bildung und Forschung, f) Gesundheits- und Sozialwesen. Diese erhalten eine **politisch verantwortliche Leitung,** z.B. als Vorsitzenden einen Staatssekretär

aus dem zuständigen, demokratisch legitimierten Ministerium, ferner ein Sekretariat und Zuarbeit von Experten aus den Institutionen und Unternehmen ihres Sektors mit zeitweiser Unterstützung durch externe Spezialisten, auch aus dem Ausland.

(2) Am Anfang steht eine zentrale **volkswirtschaftliche Analyse und Bestandsaufnahme von Fakten**, Trends, Stärken und Schwächen, Erfordernissen und Ressourcen sowie eine vorläufige Prioritätenbildung. Grobe erste Limits zur Finanzierung von Investitionen sowie Betriebs- und Instandhaltungsbudgets des Staates müssen festgelegt werden, damit unrealistische Wünsche den Planungsprozess nicht unnötig verkomplizieren.

(3) Anschließend erfolgt eine **Iteration von zentralen Vorschlägen der einzelnen Kommissionen mit Anträgen der betroffenen Regionen,** durch Anhörung und Mitwirkung regionaler Interessenvertreter, sowie Einholung von Berichten über Engpässe, Probleme und Projektpläne in den Regionen. Diese Regionalisierung bedarf sorgfältiger personeller Abstimmung, weil es darum geht, aus den Kommissionen die jeweils geeigneten Fachkräfte (und nicht etwa die ganze Kommission) in die Regionen zu entsenden.

(4) Für größere Projektensembles, z.B. die Hafenentwicklung, den Wohnungsbau oder den Ausbau eines bestimmten Verkehrsnetzes oder bestimmter Wirtschaftssektoren, hat es sich als zweckmäßig erwiesen, **externe Experten einzusetzen**, die aus ihrer Erfahrung in der Lage sind, kurzfristig in wenigen Wochen realistisch grobe Projektkonzeptionen mit überschlägiger Wirtschaftlichkeitsrechnung auszuarbeiten und vorzulegen.

(5) Nach Ausgleich zwischen zentralen und regionalen Vorstellungen erarbeitet und liefert **jede Kommission** ihren **Bericht an eine Synthesekommission**.

(6) Die Synthesekommission erstellt ein abschließendes Programmdokument, das man, wenn man nicht ideologisch voreingenommen ist, als „Entwicklungsplan" bezeichnen kann, und das ein ideales Dokument für Verhandlungen mit Investoren zu sein pflegt.

(7) Dieses Programm wird ins Parlament eingebracht und (mit oder ohne Variationen) verabschiedet.

(8) Die fähigsten Investoren bewerben sich um die attraktivsten Projekte und verpflichten sich zur planmäßigen Realisierung.

Ein solcher Prozess erfordert für eine reife Ausarbeitung etwa zwei Jahre Arbeit von wechselnd 10 bis 50 Experten. Wenn diese Zeit nicht verfügbar ist, wird das Dokument je nach Zeitmangel entsprechend unschärfer ausfallen müssen und in seinen Aussagen entsprechend große Risiken enthalten. Dabei wird es hilfreich sein, Personen einzusetzen, die aus Erfahrung die Bandbreite der verbleibenden Unsicherheiten angeben können. Es bleibt der Hinweis notwendig, dass jede Schätz-Ungenauigkeit dazu verleiten kann, die Zahlen den Wünschen der Entscheidungsträger anzupassen. Dies ist ein verbreitetes Übel im Politikgeschäft, das üblicherweise später mit größten Abweichungen in Zeit und Kosten bestraft wird. Diese Schlussbemerkung zeigt, dass der gesamte Prozess wertlos zu werden droht, wenn das Team der Experten der bestmöglichen Wahrheitsfindung nicht ehrlich verpflichtet ist. Wo Korruption am Werk ist, kann man diese Form der Objektivierung überspringen, denn es werden Gefälligkeitsdokumente ohne Wert erwartet, auf die, nach entsprechenden Fehlentscheidungen, ein Desaster zu folgen pflegt.

8.5 TTIP mehr Risiken als Chancen? (mit Position Stegner)
Was bedeutet das Atlantische Freihandelsabkommen (Treaty on Trade- and Investment-Partnership -TTIP) für Europa? Dazu vertritt Gabor Steingart[69] den Standpunkt, dass TTIP Amerika und Europa

---

[69] Gabor Steingart, Weltkrieg um Wohlstand, op.cit. S. 367

gemeinsam gegenüber Asien das notwendige Gewicht verleihen könne, um ihre Werte zu bewahren. Dieser Gedanke ist wertvoll, aber wahrscheinlich falsch, weil aus den geheim geführten Verhandlungen bisher nichts bekannt wurde, was diesen Schluss zulässt. Ein Exportüberschuss der EU gegenüber den USA von 102,3 Mrd. Euro in 2014[70] rechtfertigt hingegen die Vermutung, dass die USA primär versuchen müssen, ihren Außenhandel mit der EU ins Gleichgewicht zu bringen. Wenn TTIP in den Fragen der Fairness der Weltwirtschaftsordnung keine Fortschritte bringt, muss man es ablehnen.

Für eine Unterstützung des Transatlantischen Freihandelsabkommens müssen wir beurteilen können, ob die Erhaltung und Verteidigung unserer Standards und Werte gesichert wird, oder sogar eine Unterminierung demokratischer Rechte möglich wird, z.B. durch außergerichtliche Schiedsgerichte (nach dem Muster der angelsächsischen Rating-Agenturen). Inakzeptabel ist auch die Absicht, dass ein nicht demokratisch legitimiertes Expertengremium Gesetze empfiehlt, denen demokratische Parlamente dann nur noch zustimmen sollen.

Fazit 18: TTIP müsste Globalisierung fairer machen, würde es aber nicht

Ralf Stegner, der stellvertretende Vorsitzender der SPD, schreibt dazu: (in einer E-Mail an den Autor im Februar 2015) „Wir brauchen Spielregeln für die Globalisierung. Allerdings haben wir in der Tat auf dem Parteikonvent auch die Maßgaben für die Verhandlungen beschlossen und haben drei Bedingungen formuliert. Diese sind:

- Dass die Standards nicht sinken dürfen, nicht beim Arbeitnehmer- und beim Verbraucherschutz, nicht beim Datenschutz, nicht bei Kultur oder öffentlicher Daseinsvorsorge
- Zweitens, dass wir dafür sorgen, dass der Prozess transparent ist und die Parlamente wirklich mitentscheiden

---

[70] Quelle: www.GTAI.de; German Trade and Investment 2016

- Und der dritte Punkt, über den wir hier reden, der Investorenschutz ist ja in Ordnung, aber es darf am Ende nicht so sein, dass Konzerne sich gegen Parlamente durchsetzen können. Schiedsgerichte gibt es heute schon viele in der internationalen Welt. Entscheidend ist, dass niemals zugelassen werden darf, dass ein internationaler Konzern (z.B. ein Tabak- oder ein Atomkonzern) sich über Beschlüsse der demokratisch legitimierten Parlamente hinwegsetzen kann. Das wäre die Abschaffung der Demokratie und niemals für Sozialdemokratinnen und Demokraten akzeptabel. Politik muss den Primat behalten."

Ich ergänze:
- Auch Schadensersatzklagen wegen entgangener Gewinne aufgrund von demokratisch erlassenen Gesetzen müssen ausgeschlossen bleiben.
- Der angebliche Zuwachs an Wohlstand und Beschäftigung ist Wunschdenken. Es basiert auf utopischen Annahmen.
- Klimaschutzstandards und Fairer Handel müssen erkennbar durch TTIP gefördert werden, besonders durch Vorsorge gegen Rohstoffraubbau und durch Anwendung von ILO-Standards gegen Lohndumping. Solange dies nicht Teil von TTIP ist, missachtet TTIP die wichtigsten Herausforderungen unserer Zukunft.

Was wir bisher sehen, ist intransparent, undemokratisch und dient nicht dem Frieden. Das sollten Bürger und Parlamente ablehnen. Zur Vertiefung vgl. Thilo Bode, TTIP, Die Freihandelslüge[71].

8.6 Herausforderungen für Europa (Piketty, Steinmeier)
Zu den Gefahren der schwelenden Finanzkrise und der Ukraine- und der Nahostkonflikte sind vier Ereignisse hinzugekommen, die die EU zerbrechen können, also mehr Solidarität und Stärke erfordern:

---

[71] Vgl. Thilo Bode, TTIP, Die Freihandelslüge, Warum TTIP nur den Konzernen nützt und uns allen schadet, München 2015

1. Die Pariser Klimakonferenz einigte sich vorerst nur auf Ziele, nicht auf Maßnahmen. Dafür gab es zwei Folgekonferenzen, die letzte in Marrakesch und eine weitere wird in Bonn folgen mit positiver Dynamik und der Ungewissheit, ob Präsident Trump US-Zusagen storniert.
2. Der Flüchtlingsstrom wurde gebremst, aber seine Ursachen: Kriege, Klimawandel und Ausbeutung dauern an.
3. Die Brexitentscheidung ermuntert Nachahmer. Vorsorglich muss die Eurozone Arbeit schaffende Investitionen aus Steuern gemeinsam finanzieren. Das geschieht nur sehr unzureichend. Frankreichs oder Italiens möglicher Austritt wären das Ende der EU.
4. Der zukünftige Präsident der USA Donald Trump hat im Wahlkampf Veränderungen angekündigt wie z.B. Kündigung des Pariser Klimaschutzabkommens, Rückholung von Arbeitsplätzen aus Billiglohnländern sowie Neuordnung der Finanzierung Nato. (vgl. 5.5.1)

8.6.1 Die Pariser Klimakonferenz

Unter der Überschrift: „**Adieu Paris**"! berichtet Der Spiegel[72]„Klimaschutzplan 2050 heißt der 67-seitige Entwurf, auf den sich Bundesumwelt- und Wirtschaftsministerium zur Erreichung der Pariser Klimaziele vor wenigen Wochen geeinigt hatten. Er sah vor,
- mit dem Ausstieg aus der Kohleverstromung sofort zu beginnen,
- neu gebaute Häuser ab dem Jahr 2030 ohne Gas oder Öl zu beheizen und
- Neuwagen fast ausschließlich elektrisch fahren zu lassen.

Die große Transformation hatten die Experten von Umweltministerin Hendricks unter ein Schlagwort gestellt, das auch die Kanzlerin gern verwendet: Dekarbonisierung. Doch in ihrer Stellungnahme zum Klimaschutzplan kassieren Merkels Beamte nun so gut wie alle konkreten Ziele, auf die sich Hendricks und Gabriel geeinigt hatten. Umweltministerin Hendricks sieht mit Sorge, wie der Ehrgeiz der Bundesregierung, einst weltweit führend beim Klimaschutz, erlahmt.

---

[72] Der Spiegel No.20 vom 23.7.2016 auf S.49

Länder wie Kanada, Dänemark oder Marokko legen beim Ausstieg aus fossiler Energie inzwischen ein deutlich höheres Tempo vor als Merkel und ihre Fachleute." Effizientes Management der Energiewende, einschließlich sozialer Vorsorge für Benachteiligte, kann ich bisher nicht erkennen.[73]

8.6.2 Der Flüchtlingsstrom

Das Migrationsproblem beherrscht die Tagespolitik, Berichterstattung und Wahlergebnisse. Unzählige richtige aber unzureichende Maßnahmen sollen dank kurzfristiger Fortschritte als Lösung erscheinen, obwohl zwei Hauptprobleme nicht die Aufmerksamkeit erhalten, die sie erfordern:

Erstens wird menschen- und umweltverachtend verschwiegen, dass ¼ der Menschheit für ihren Wohlstand ¾ der Ressourcen beansprucht, während ¾ der Menschheit von einer neoliberalen Weltwirtschaftsordnung in Armut ohne gerechte Zukunftsperspektiven gehalten werden. Wenn wir das nicht ändern, wird der Migrationsdruck auf die Wohlstandsgebiete weiter wachsen.

Zweitens wird die wirkliche Dimension von zu erwartenden Klimaflüchtlingen in einer Größenordnung von 100 bis 300 Mio. Menschen bis 2050 fahrlässig weder angesprochen noch in einer Strategie für den Süden, speziell für Afrika, erfolgversprechend bearbeitet. Wenn das bedrohliche Zusammenwirken von Klimawandel, Kapitalismus und Migration weiter missachtet wird, kann der globale Kollaps in den kommenden 50 Jahren irreversibel nach Afrika auch Europa in den Abgrund reißen. Wir schulden der 3.Welt eine faire Weltwirtschaftsordnung. China, Russland, die USA helfen dabei nicht. Freihandelsabkommen TTIP und CETA verfehlen dieses Ziel.

---

[73] Für den jeweils aktuellen Stand vgl. www.Klimaschutzplan2050.de, dort heißt es im Dezember 2016 immer noch unfertig und vage: „Zielwert von 80 bis 95 Prozent weniger Treibhausgasemissionen als 1990 im Jahr 2050 festschreiben und in einem breiten Dialogprozess mit Maßnahmen unterlegen."

8.6.3 Die Eurozone konsolidieren mit Vollbeschäftigung
Die Entscheidung der Briten zum Austritt aus der EU und die Wahl von Donald Trump zum Präsidenten der USA, der mit dem Slogan „Amerika first" antritt, zwingen die EU, sich auf ihre wichtigen Interessen zu konzentrieren. Dazu gehört echte Solidarität und Stärke von Kerneuropa, denn Amerika bietet keinen Windschatten mehr für Wohlstand im Vertrauen auf einen großen Bruder. Zwischen USA, China und Russland können bestehende Konflikte (z.B. im Südchinesischem Meer, Syrien, Ukraine) eskalieren oder vielleicht auf Kosten Dritter gelöst werden. Die Zeiten bleiben unsicher und herausfordernd. Europa wird neue Stärke benötigen.

Regierende und Regierte vereint die tiefe Abneigung gegen schlechte Nachrichten und die Unart, Wahrheiten zu verdrängen, die nicht die eigenen Überzeugungen bestätigen. Mangelhafte Analysen eigener Stärken und Schwächen sowie Verdrängung von Bedrohungen von außen und innen und die Fehleinschätzung der schließlich verbleibenden Chancen werden immer wieder zur Ursache waghalsiger Entscheidungen mit vermeidbaren Katastrophen. Das belegen die Punischen Kriege mit dem Untergang Karthagos, die Russlandfeldzüge von Napoleon und Hitler mit den Katastrophen von Beresina und Stalingrad ebenso wie der Untergang der Titanic, Pamir und der Wilhelm Gustloff. In allen Fällen wurden erkennbare Bedrohungen geringgeachtet und Fehlentscheidungen, trotz rechtzeitiger Warnungen, Ursache schließlich unabwendbarer Katastrophen. Dies gilt es zu bedenken, wenn heute erfahrene Sachkenner warnen, Kerneuropa müsse demokratischer und schlagkräftiger organisiert werden, um den globalen Turbulenzen und wachsenden Bedrohungen standhalten zu können.

Dazu gehört, dass endlich von allen anerkannt und öffentlich zugegeben wird, dass das neoliberal begründete Krisenmanagement falsch war und gescheitert ist, weil es die schwächeren Länder der Eurozone in die Rezession getrieben hat, mit Vernichtung von vielen

Arbeitsplätzen, wodurch für sehr viele Bürger das europäische Wohlstandsversprechen und ihre persönlichen Zukunftsperspektiven zerstört wurden.

Die Historiker Brendan Simms und Benjamin Zeeb[74] schreiben: „Heute steht Europa vor mehreren verbundenen Herausforderungen, die jeweils für sich wie auch in ihrem Zusammenwirken unseren Kontinent in die Knie zwingen." (S.9) „In den nächsten Jahren werden wir einige oder alle der folgenden Ereignisse erleben: den endgültigen Zerfall Syriens und die Zunahme eines Flüchtlingsstroms, der die Befestigungen an der südlichen Grenze der Union schlicht überfluten wird; eine Serie von Terroranschlägen heimischer oder internationaler Provenienz in Europa; staatliche Auflösungsprozesse in Europa, die zu zivilen Konflikten führen werden, etwa in Katalonien; ein Angriff Russlands auf die baltischen Staaten, wodurch die Beistandspflicht nach Artikel 5 des NATO-Vertrags aktiviert wird; sowie der nach wie vor mögliche Zusammenbruch der Gemeinschaftswährung mit allen Verwerfungen, die dies mit sich bringen würde. <u>Alle diese Herausforderungen stellen schon jeweils für sich genommen ein starkes Argument für die Schaffung einer vollständigen politischen Union dar; zusammen sind sie überwältigend.</u>" (S.128 f.) „Wenn wir jetzt die Chance nicht ergreifen, den Sturz unseres Kontinents in den politischen Abgrund zu verhindern, werden wir dazu keine weitere Gelegenheit mehr bekommen." (S. 130)

Der deutsche Außenminister Frank-Walter Steinmeier[75] schlägt vor: „Wir müssen uns die Instrumente geben, die für eine gemeinsame Außenpolitik erforderlich sind. ... Grenzschutz ist untrennbar mit der Entwicklung eines gemeinsamen Asylsystems verbunden. ... Es ist den Ländern, die schwierige Reformprozesse durchlaufen, ein Licht am Ende des Tunnels aufzuzeigen. ...-... insbesondere der jungen

---

[74] Brendan Simms; Benjamin Zeeb, Europa am Abgrund, Plädoyer für die Vereinigten Staaten von Europa, München 2016, S.9, 128 f.
[75] Frank-Walter Steinmeier, Europa ist die Lösung, Wals 2016, S.35-39

Generation eine europäische Perspektive der Zuversicht zu bieten. Das Licht am Ende des Tunnels muss in einer wesentlich robusteren und wetterfesten Eurozone bestehen. ..-.. Was wir erreicht haben, sollten wir pflegen ..-.. Gleichzeitig sollten die Staaten, die mehr wollen, nicht gehindert werden voranzuschreiten ..-.. vorausgesetzt, dass die Tür für andere offen bleibt".
Thomas Piketty, Professor der Pariser École d'Économie und Autor von Das Kapital im 21.Jahrhundert, veröffentlicht 2015 in seinem Buch Die Schlacht um den Euro eine Zusammenstellung seiner wirtschaftspolitischen Interventionen von 2009 bis 2015. Hier relevant sind folgende:[76] Der Grundirrtum der Eurozone liege darin, „sich einzubilden, man könne eine Währung ohne Staat, eine Zentralbank ohne Regierung und eine gemeinsame Geldpolitik ohne gemeinsame Haushaltspolitik haben." (S.17) Piketty erläutert die Beeinträchtigung staatlicher Funktionen wie Hochschulbildung, Forschung, Justiz und Arbeit durch kapitalistische Zinsspekulationen (S.18) und folgert: „Die Europäische Union und namentlich die politische Führung seiner beiden größten wirtschaftlichen und politischen Mächte, <u>Deutschland und Frankreich, sind in hohem Maße verantwortlich für die katastrophale Lage,</u> in der sich die Eurozone befindet und die das Klima in den südeuropäischen Ländern immer stärker belastet." (138) Piketty fährt fort: „<u>Wir sollten uns nichts vormachen. Ohne Einführung neuartiger demokratischer Institutionen durch eine kleine Zahl von Ländern im Herzen der Eurozone wird eine Einigung, insbesondere in Haushalts-, Steuer- und Finanzangelegenheiten, nicht zustande kommen.</u>" (S.170) „Die Linke muss in diesen Fragen wie<u>der die Initiative ergreifen,</u> ob es nun um die Modernisierung des Steuersystems geht, um die Neufassung des Rentensystems oder um Autonomie der Universitäten." (S.18) Die politischen Bewegungen, die heute am linken Rand gedeihen, wie Podemos in Spanien oder Syriza in Griechenland seien „zutiefst internationalistisch und proeu-

---

[76] Thomas Piketty, Die Schlacht um den Euro, München 2015, S. 17 - 170

ropäisch. Statt sie abzulehnen, sollte man mit ihnen zusammenarbeiten, um die Grundlinien einer demokratischen Neugründung Europas zu umreißen." Sonst bestehe die Gefahr einer neuen Finanzkrise oder eines politischen Schocks von rechts.

Die gegenwärtigen Institutionen der EU haben keine nachhaltige Finanzierung für die Lösung der großen Krisen der Union (Schulden, Arbeitslosigkeit, Außenhandelsungleichgewicht und Migration) gefunden. Nur wenn Europa die wachsenden Gefahren zum Anlass nimmt, die Eurozone zu konsolidieren, kann diese die Solidarität und Kraft entfalten und ihre Errungenschaften und Werte im globalen Wettbewerb bewahren und positiv an der Lösung der globalen Aufgaben mitwirken. Dafür zitiere ich (in Pkt. 10.3) die konkreten, machbaren Vorschläge von Piquetty für eine „Keimzelle einer europäischen Bundesregierung". Sie sind widerspruchsfrei im Einklang mit Simms, Zeeb und Steinmeier.

Wir sollten keinem Europapolitiker erlauben, mit Worthülsen hinter den übereinstimmenden Empfehlungen der hier zitierten Experten zurückzubleiben. Mit diesem Ziel bitte ich Sie, zwei Petitionen zu prüfen und bei Zustimmung mitzuunterzeichnen und Freunde und Bekannte für die Unterzeichnung zu gewinnen.
www.weact.campact.de/andere-politik-fuer-europa und
www.Restart Europe now! – Für eine andere Europapolitik

8.6.4 Neue Ökonomie für Asien und Afrika
Im Gespräch mit dem Magazin GEO[77] bestätigt der Leiter der Denkfabrik „Global Institute for Tomorrow" Chandran Nair, was ich einleitend begründet habe: „Die Ideologie vom freien Markt lässt den Menschen in der reichen Welt ja die Illusion, ihr Lebensstil sei in Ordnung, schließlich können die anderen ihn theoretisch auch errei-

---

[77] Magazin GEO 07/2014, S. 59

chen. ... Aber die fünf oder sechs Milliarden Asiaten, die es 2050 geben wird, können nicht wie Amerikaner leben. Wenn sie es tun, werden sie die Welt zerstören."

Asfa-Wossen Asserate, der Großneffe des letzten Kaisers von Äthiopien, heute einer der besten deutschen Afrikakenner, veröffentlicht Mitte 2016 seine umfassende Analyse mit dem Titel: Die neue Völkerwanderung, Wer Europa bewahren will, muss Afrika retten[78]. Dort schreibt er: „Jeden Tag verlassen 34.000 Menschen, die um Leib und Leben fürchten, aufs Neue ihre Heimat. ..-.. Weltweit gibt es derzeit 65 Millionen Flüchtlinge" (S.13). - Asserate zitiert Prognosen für das Jahr 2100, die besagen, dass Europas Bevölkerung dann mit 650 Mio. Menschen nur noch 6% der Weltbevölkerung betragen werde, während Afrikas Bevölkerung dann mit 4,4 Mrd. Menschen 39% der Weltbevölkerung ausmachen werde (S.40). Auf dem Einband des Buches steht die Zusammenfassung: „Asserate appelliert an die europäischen Staaten, ihre Politik gegenüber dem Nachbarkontinent grundlegend zu ändern. Andernfalls werden es bald nicht Tausende, sondern Millionen von Flüchtlingen sein, und werde diese Herausforderung Europas im 21. Jahrhundert in einer Katastrophe enden.. – ..für Afrika und Europa." Diese Bedrohung erläutert Asserate eingehend. Und wo sind die Lösungsansätze? Die stehen in diesem Buch unter Punkte 8.3 plus 8.4 sowie in den Abschnitten 9 und 10. Insbesondere in Punkt 9.5 und 10.3. bis 10.5. Also? Bitte weiter konzentriert lesen.

Chandran Nair fährt in dem GEO-Interview zu Asien fort: „ ... die 200 Jahre westlicher Dominanz beruhen auf dem Geschäftsmodell, die Ressourcen in der ganzen Welt zum Spottpreis zu bekommen. Die ganze Welt will „Made in China" billig. Die ganze Welt will das 500-Dollar-iPad. Warum wird es in China gemacht, nicht in Kalifor-

---

[78] Asfa-Wossen Asserate, Die neue Völkerwanderung, Wer Europa bewahren will, muss Afrika retten, Berlin 2016, S. 13 und 40

nien? Weil die Hersteller wissen, dass sie dorthin die Kosten auslagern können. ...

Der wahre Preis eines Hamburgers ist 100 US-Dollar, vielleicht ja auch nur 75. Das Problem ist die völlige Verzerrung der Kalkulation. Das bisherige Geschäftsmodell ist: so billig wie möglich an so viele wie möglich zu verkaufen. Aber um das zu tun, muss man die Kosten auf die Allgemeinheit verlagern – und die Welt ruinieren. ....

Wir können nicht den mehr als zwei Milliarden Chinesen, Indern, Indonesiern und Afrikanern die grundsätzlichen Lebensrechte absprechen. Die Menschen brauchen nicht alle Autos und große Häuser und Waschmaschinen. Aber sie brauchen fundamentale Lebensrechte. ... Wohlstand bedeutet für mich: Nahrungssicherheit, Wasser und Hygiene, eine ordentliche Wohnung, Gesundheit und natürlich Bildung. Diese Menschenrechte zu schaffen, wäre Grundlage der neuen Ökonomie."

Vielleicht verbirgt sich diese Erkenntnis hinter den jüngsten antiwestlichen Maßnahmen der chinesischen Regierung, die den internationalen Zugang zum chinesischen Internet beschränken und die Universitäten zu Kampfstätten der ideologischen Auseinandersetzung gegen westliche Ideen erklären und Bücher mit liberalen Auffassungen verboten haben.

Und was heißt das konkret, z.B. für Europa und Afrika? Die EU muss mit ihren Partnerländern in Afrika einen Entwicklungsschub in Gang setzen, der Chinas Aktivitäten in den Schatten stellt. Die Einweihung einer Bäckerei durch Ex-Minister Niebel erfüllte diese Bedingung nicht. Wie ein Entwicklungsschub in Gang zu setzen ist, habe ich oben erläutert (vgl. Pkt. 8.4). Wenn uns die Lösung dieser Aufgabe misslingt, werden wir den Strom der Armutsflüchtlinge nicht integrieren können.

8.6.5 Gemeinsame Einwanderungspolitik

In seinem Buch, Mächte der Zukunft, schreibt Helmut Schmidt[79]: Europa brauche eine gemeinsame Einwanderungspolitik. Für die Aufnahme muslimisch geprägter Staaten in die EU sei zu berücksichtigen, dass sich in religiös heterogenen Gesellschaften leicht Konflikte entwickeln. Wer glaube, durch Einwanderung von Menschen anderer Kulturen die Finanzprobleme seines Sozialstaates lösen zu können, der könne „Europa vom Regen in die Traufe führen". Einerseits sei Beschränkung der Europäischen Union auf Völker des gleichen Kulturkreises ratsam, andererseits sei Toleranz gegenüber anderen Religionen und Kulturen notwendig. Es sei eine moralische Pflicht, beide Prinzipien in den nächsten Jahrzehnten zu respektieren (S. 231). ... Man müsse deshalb an die religiösen Führer aller Religionsgemeinschaften, an Politiker und Erzieher appellieren: „Erzieht die euch anvertrauten Menschen zur Toleranz und tretet jeder religiösen Rechtfertigung von Terror und Gewalt entgegen" (S. 173).

8.6.6 EU schwach im neuen Konflikt zwischen Ost und West

In dem oben zitierten Vortrag vor der Münchener Sicherheitskonferenz folgert Schmidt, es sei nicht erwiesen, dass es die EU am Ende des Jahrhunderts noch gebe, wenn sie sich politisch weiter so „durchwurstele" wie in den letzten zehn Jahren. Die Fundierung dieses Urteils hat er schon in seinem Buch Die Mächte der Zukunft 2004 geliefert. Folgende Sätze daraus verdienen unsere Aufmerksamkeit (op.cit.S. 221): „Weil die Nationalstaaten Europas zu den kleinen und mittleren Staaten der Welt zählen, weil sie weder Weltmächte noch Großstaaten sind, wissen sie sich angewiesen auf den Bestand des Völkerrechts und der multilateralen weltweiten Vertragssysteme, vor allem der UN und der Charta der UN. Sie werden in diesem Sinne auf ihre Partner Einfluss nehmen, auch und am nötigsten auf die Vereinigten Staaten von Amerika."

---

[79] Helmut Schmidt, Mächte der Zukunft, München 2004, S. 231 und 173

Schmidt fährt fort: „Weil heute insbesondere wegen des amerikanischen Anspruchs auf präventive Kriegsführung und durch völkerrechtswidrigen Angriff auf den Irak eine Entrechtlichung der Weltpolitik befürchtet werden muss, sollten die Regierungen der EU-Staaten wissen, dass eine Beteiligung an Aktionen, die eine Verletzung der Charta der Vereinten Nationen darstellen, zur gewaltsamen Aushöhlung des Völkerrechts beiträgt. ... Das bei weitem wichtigste außenpolitische Interesse Deutschlands liegt heute in der Überwindung der gegenwärtigen Krise der Europäischen Union und sodann in ihrer stetigen Entfaltung"(op.cit. S. 233).

Es gibt viele verdienstvolle Beispiele fundierter objektiver Analyse und Berichterstattung großer Verlage und Sender. Aber es gibt leider auch Unzulänglichkeiten verkürzter Berichterstattung in unseren Medien, die eine Unterscheidung zwischen Wahrheit und Werbung oder Propaganda erschweren. Es ist offenbar nicht in Ordnung und für eine realistische Beurteilung der Lage wenig hilfreich, Russland und Präsident Putin persönlich allein den Vorwurf des Bruchs des Völkerrechts entgegenzuhalten. Denn nicht nur der Einmarsch der USA in den Irak sondern auch amerikanische subversive Unterstützung der Orangenen Revolution in der Ukraine müssen als völkerrechtswidrig erkannt werden. Dazu schreibt Peter Scholl-Latour[80]: „Der Zeitungsleser ... brauchte einige Monate, um durch die Berichte renommierter Printmedien auf ausführliche und vorbildliche Weise über die Machenschaften amerikanischer Spender-Organisationen – Institute, Foundations und Regierungsstellen - informiert zu werden, die ihre subversive Einmischung gar nicht zu kaschieren suchten. Bei dieser Gelegenheit erfuhr man von dem, was der Spiegel die „Revolutions-GmbH" nannte – ein Verfügungstrupp internationaler Umstürzler, der den amerikanischen Geheimdiensten zur Beseitigung missliebiger Regime zur Verfügung steht. ... In Wirklichkeit verfügt

---

[80] Peter Scholl-Latour, Russland im Zangengriff, Putins Imperium zwischen Nato, China und Islam, Berlin 2008, S. 386 f.

man bei der Lektüre des Artikels von Konrad Schuller über jene präzisen Fakten, die die amerikanische Steuerung und Finanzierung der Orangenen Revolution lückenlos belegen, die das Bild einer krassen fremden Intervention unter Missachtung aller überlieferten Souveränitätsrechte malen."

Man kann also nur zu einer ausgewogenen Beurteilung des Ukrainekonfliktes gelangen, wenn man die Geschichte des Landes berücksichtigt und alle Brüche des Völkerrechts und nicht nur russische als gegeben erkennt. Es ist sicher angebracht, Äußerungen der russischen Altpräsidenten Jelzin und Gorbatschow zu berücksichtigen. Jelzin soll gesagt haben, man müsse Russland mit „Sie" anreden. Und Gorbatschow hat uns anlässlich seines letzten Besuchs in der Bundesrepublik zweierlei geraten: Erstens, man dürfe das in den letzten 25 Jahren aufgebaute Vertrauen nicht zerstören. Das ist mit unserer aktiven Beteiligung inzwischen gründlich erfolgt. Und zweitens, wir sollten zu den Überzeugungen Bismarcks zurückkehren und auf Gleichgewicht zwischen den europäischen Mächten achten.

Damit will ich die Zitate schließen, die nach meiner Überzeugung belegen, dass Europa im Schlepptau amerikanisch dominierter NATO-Osterweiterung zu wenig Respekt gegenüber russischer Geschichte und Interessenlage bewiesen hat, und nun vor den Scherben guter Beziehungen zu Russland steht, das für die Überwindung der großen Bedrohungen der Zukunft als Partner in der UNO dringend gebraucht wird, aber auf westliche Sanktionen mit einer intensiven Hinwendung zu China antwortet. Zur Vertiefung vgl. Pkt 10.5 und Gabriele Krone-Schmalz, Russland verstehen.[81]

---

[81] Gabriele Krone-Schmalz, Russland verstehen, Über die Ukrainekrise und die Arroganz des Westens, 2015.

9 Elemente einer verantwortbaren Weltwirtschaftsordnung

Der frühere Außenminister der USA Henry Kissinger[82]schreibt: „Während so vieles aus der Balance geraten ist, werden in der Weltordnung des 21.Jahrhunderts unter vier wichtigen Aspekten Defizite sichtbar:

Erstens geriet der Staat - als Grundeinheit des internationalen Lebens – auf vielfache Weise unter Druck: Seit Ende des Kalten Krieges tauchte in weiten Teilen der Welt das Phänomen „gescheiterter Staaten", „nicht regierbarer Räume" oder von Staaten auf, die diese Bezeichnung kaum verdienen, da ihnen ein Gewaltmonopol und eine funktionierende Zentralregierung fehlen. Wenn die Großmächte am Ende Außenpolitik mit einer Vielfalt unterstaatlicher Einheiten betreiben müssen, die undurchsichtigen und vielfach gewalttätigen Verhaltensregeln gehorchen, die auf radikale Weise divergierende kulturelle Erfahrungen zum Ausdruck bringen, wird zwangsläufig Anarchie die Folge sein.

Zweitens liegen die politischen und wirtschaftlichen Organisationen der Welt miteinander in Zwist. Während internationale Unternehmen über Grenzen hinweg global agieren, ist internationale Politik nationaler Regierungen vorwiegend innenpolitisch motiviert (S. 420).

Drittens fehlen den Großmächten funktionierende Mechanismen, um Aufgaben von besonderer Tragweite abzustimmen und nach Möglichkeit zu kooperieren. Die zahlreichen verschiedenen Konferenzen von Staats- und Regierungschefs und Delegationen (NATO, EU, APEC, EAS, G7, G8, G20) sind nicht effizient für die Bearbeitung gemeinsamer Lösungen und Strategien.

Viertens war in der Vergangenheit die Führungsrolle der USA stets unverzichtbar, auch wenn sie diese oft zwiespältig erfüllten. Sie strebten eine Balance zwischen Stabilität und der Verteidigung universaler Werte an, die mit den Prinzipien der Nichteinmischung und

---

[82] Henry Kissinger, Weltordnung des 21.Jahrhunderts, München 2014, S.419 ff.

den historischen Gegebenheiten anderer Nationen nicht immer in Einklang standen. ... Aber Rückzug ist keine Lösung."

Aus praktischer Erfahrung wissen wir, alte Gemälde und antike Möbel sind in der Regel von vorn bewundernswert schön und von hinten roh und unbedeutend. Das gleiche Phänomen finden wir sehr häufig bei der Prüfung komplexer Probleme. Sie haben oft eine helle und eine dunkle Seite. Ebenso sind in der politischen Debatte oft zwei gegensätzliche Aussagen beide auf ersten Blick richtig. Berthold Brecht trifft den Kern der Sache in der Dreigroschenoper mit dem Text:

> Man sieht nur die im Licht.
> Die im Dunkeln sieht man nicht.

Sieht man in den Süden der EU und in die 3.Welt, dann erkennt man, dass wir Grund haben, den französischen Nationalökonomen Piquetty ernst zu nehmen. Er sagt in seinem Buch Capital in the 21. Century als Ergebnis statistischer Analysen: Die zunehmende Ungleichheit von Einkommen und Vermögen bremse das Wirtschaftswachstum und gefährde die Demokratie, weil zu wenig in die Realwirtschaft investiert werde.

Wir finden Piquettys Ergebnisse wachsender Ungleichheit von Einkommen und Vermögen in der Wirklichkeit bestätigt und müssen uns seiner Forderung nach höherer Besteuerung von Spitzeneinkommen und Vermögen anschließen, um die dringendsten öffentlichen Aufgaben (Investitionen in Infrastruktur, Bildung, Klimaschutz und Schuldenabbau) zu bewältigen, ohne dass die Schuldenberge der öffentlichen Haushalte weiter steigen. Dazu ein abschreckendes Beispiel: Von 2004 bis 2014 haben griechische Reeder (von Steuern weitgehend befreit) für 50 Mrd. Dollar neue Schiffe bauen lassen, während ihr Land in die größte Krise stürzte (Quelle: BIMCO).

Die heutigen Krisen und die wenigen Jahrzehnte, die uns bleiben, um die Klimakatastrophe abzuwenden, zwingen zu Veränderungen jetzt.

9.1 Statt Weltkrieg um Wohlstand (nach Gabor Steingart)
Öko-Soziale Weltwirtschaft (ähnlich Roger de Weck)
Droht Weltkrieg um Wohlstand?
2007 schreibt Gabor Steingart in Weltkrieg um Wohlstand:[83] „Trotz internationaler Warenströme und intensiver Handelsverflechtung ist die Gefahr kriegerischer Konflikte nicht gesunken. Der Aufstieg Asiens wird von fiebriger Nervosität auf dem eigenen Kontinent begleitet. Die neu gewonnene Wirtschaftskraft hat das Selbstbewusstsein der Asiaten beflügelt und das Misstrauen untereinander verstärkt. Die Ungleichgewichte – die innerhalb der Nationen und die zwischen ihnen – sind ein Treibsatz von außerordentlicher Sprengkraft.

In Asien werden derzeit über zwei Milliarden Menschen zu Mitwirkenden an einem unerhörten Menschenexperiment, das es in dieser Größenordnung und mit dieser Konsequenz nie zuvor gegeben hat. Mit großer Brutalität gegenüber der natürlichen Umwelt und den eigenen Landsleuten konzentrieren die „Angreiferstaaten" ihre Mittel in der Exportindustrie. Dort herrschen die rauen Sitten des ursprünglichen Kapitalismus. Die sozialen Sicherungen bleiben ausgeschaltet, was den betroffenen Arbeitern und dem Westen gleichermaßen zu schaffen macht. - Die Übernahme der einfachen Lohnarbeit war nur das Eröffnungsgebot der Asiaten. Der Angriff auf den Mittelstand und die modernen Hightech-Arbeitsplätze des Westens steht unmittelbar bevor (und hat inzwischen intensiv begonnen, der Verf.). Die asiatischen Staaten haben ihre Investitionen in Forschung und Bildung in beeindruckende Höhen geschraubt. Ihr Ziel ist Dominanz, nicht stille Teilhabe. Sie wollen führen, nicht folgen." Steingart präsentiert Fakten von atemberaubender Deutlichkeit, von denen ich nur zwei auswähle:

---

[83] Gabor Steingart, Weltkrieg um Wohlstand. München 2009 2.Aufl., S. 10 f.

Erwerbstätige im verarbeitenden Gewerbe 1991-2003 (S. 189)
- China plus   plus   14,7 %
- Deutschland   minus 27,0 %

Arbeitskosten in der Industrie 2004 pro Stunde (S. 203)
- China angelernter Arbeiter 1 $
- Deutschland   - „ -   21 $.

Heute, fast 10 Jahre nach dieser Einschätzung, gibt es Grund zu Hoffnung und Sorge:

Hoffnung spendet das Argument von dem in Deutschland lehrenden Politologen Xuewu Gu.[84] Er schreibt 2014: „Das westliche Demokratiemodell hat nur eine Chance, sich im 21. Jahrhundert durchzusetzen, wenn die repräsentativen Demokratien in ihren Heimatregionen – Westeuropa und Nordamerika – selbst stabil bleiben. Sie bedürfen offensichtlich einer qualitativen und institutionellen Selbsterneuerung, um ihre zunehmende Anfälligkeit gegen demagogische und populistische Verheißungen abzubauen, die durch die Computer-Revolution beschleunigt wurde … Das Schicksal der neuen Demokratien in den Transformationsländern wird die globalen Zukunftsperspektiven des westlichen Demokratiemodells maßgebend beeinflussen, weil seine Übertragbarkeit im 21. Jahrhundert auf dem Spiel steht. … Gelingt es den westlichen liberalen Demokratien, den neuen Demokratien zu Konsolidierung und Wohlstand zu verhelfen, stärken sie zugleich ihre Position im Systemwettbewerb mit den autoritären Zentren wie Russland und China."

Die vielleicht wichtigste Erkenntnis von Xuewu Gu ist der Hinweis auf die gesellschaftlich dominierenden Prinzipien, im Westen sei es der Individualismus (der zu einer Schwächung der Verantwortung für das Gemeinwohl geführt habe) und in China sei es das genaue Gegenteil, der Vorrang des Kollektivs (mit der Folge, dass individu-

---

[84] Xuewu Gu.[84] Die Große Mauer in den Köpfen, China, der Westen und die Suche nach Verständigung, Hamburg 2014, S. 200 f.

elle Freiheit zunehmend gefordert, aber als Gefahr identifiziert werde). Mit dem Hinweis, dass die Weltprobleme der Globalisierung und des Klimawandels nur gemeinsam gelöst werden können, plädiert Xuewu Gu dafür, dass der Westen und Asien voneinander lernen können und müssen. Dazu müsse der politische Dialog um Dialoge in den Bereichen Philosophie, Religion und Gesellschaft auf unterschiedlichen Ebenen ergänzt werden (op.cit.S.134-139).

Deutsche Fabriken in China zeigen Lernerfolge und gegenseitiges Verstehen auf den Gebieten Wirtschaft und Gesellschaft. China hat weitgehend deutsches Arbeitsrecht übernommen und arbeitet auf dem Gebiet des Umweltschutzes eng mit uns zusammen.

Der Rat des bekannten Ökonomen der USA Paul A. Samuelson
Am Ende berichtet Steingart von einem Interview mit dem Nobelpreisträger und Wirtschaftsberater von John F. Kennedy, Prof. Paul A. Samuelson. Dieser hat auf die Frage: „Was würden Sie den Mächtigen zurufen?" geantwortet[85]:

„Mein erster Rat lautet: Geht den mittleren Weg! Wir verfügen über keine Alternative zur Marktwirtschaft. Aber ohne politisches Korrektiv schafft der Markt kein Gleichgewicht, sondern eine sich vergrößernde Ungleichheit. Wir sollten uns immer bewusst sein: Der Markt besitzt kein Gehirn und kein Herz. Zweitens: Die Globalisierung in ihrer jetzigen Ausprägung und im jetzigen Tempo macht die Welt unsicherer und nervöser. Wir sollten versuchen, das Tempo zu drosseln und in unserem eigenen Interesse sanfter zu sein."

Außer diesem wichtigen Zuruf von Samuelson muss ich Steingart auch in Folgendem zustimmen:

Konservatives „Deutschland weiter so!" reicht nicht.
Es gibt eine Koalition der Gegner jeglichen Wandels, die mit dem Wunsch: „Deutschland weiter so" an Überzeugungen festhält, die

---

[85] Vgl. Gabor Steingart, op.cit. S. 134-139

inzwischen von der Dynamik der Veränderung deutlich widerlegt sind. Dazu gehören die falschen Merksätze wie (op.cit. S. 389):
- „Die Globalisierung ist ein großes Friedenswerk
- Die Globalisierung kennt nur Gewinner
- Der freie Welthandel nützt allen
- Der Wohlstand wird am besten dadurch gesichert, dass der Staat sich zurückhält."

Steingart widerlegt alle diese alten Behauptungen, obwohl einige namhafte Professoren, Politiker und Mitglieder aller Bevölkerungsschichten sich mit diesem Motto wohlfühlen und an diesen Irrtümern festhalten, weil ihnen der Wille oder der Mut zur Wahrheit fehlt. Den Anhängern des nicht länger verantwortbaren, rückwärts gewandten „Deutschland weiter so" muss das Buch von Gabor Steingart Weltkrieg um Wohlstand empfohlen werden.

Der Frage, welche Schritte zur Verteidigung unserer Werte im internationalen Wettstreit gegen „Raubtierkapitalismus" (Helmut Schmidt) geeignet erscheinen, sind die folgenden Ausführungen gewidmet.

Fazit 19: Noch kann eine Reform der kapitalistischen Globalisierung zu einer Öko-Sozialen Weltwirtschaft globale Katastrophen neuer Dimension abwenden
(analog Roger de Weck)[86]

In seinem Buch Nach der Krise, Gibt es einen anderen Kapitalismus? veröffentlicht Roger de Weck 2009 eine an Klarheit nicht zu übertreffende Begründung, welche Mängel des gegenwärtigen kapitalistischen Systems durch welche Veränderungen behoben werden müssen. Ich würde das Ziel Öko-Soziale Weltwirtschaft nennen, dem de Wecks Forderungen sehr nahe kommen. Roger de Weck fordert in dem genannten Buch (als sein Fazit1)

---

[86] Roger de Weck, Nach der Krise, Gibt es einen anderen Kapitalismus? München 2009, S.17 und 110

„Ein ausgewogener Kapitalismus braucht
- Mechanismen der Mäßigung von Gier
- Ein besseres Gleichgewicht zwischen Kapital und Arbeit und namentlich den Abbau steuerlicher Privilegien für das Kapital
- Schranken für den Steuerwettbewerb, der mittelfristig die Staaten auszehrt
- Eine Abkehr vom Defizitdenken in den Vereinigten Staaten und – weil per Definition die Defizite des einen die Überschüsse des anderen sind – ein Ende der trügerischen Sucht nach Überschüssen in Asien und Europa."

de Weck (als sein Fazit 7) weiter: „Im globalen Kapitalismus
- wird Kooperation so wichtig wie Konkurrenz
- hängen Frieden und eine stabile Wirtschaftsordnung von der politischen Weitsicht und ethischen Einsicht in die Notwendigkeit eines Ausgleichs der Interessen zwischen Nord und Süd ab
- muss die Staatengemeinschaft lebensnotwendige Ressourcen mit einem Preis versehen
- sind eine Weltwirtschafts- und Weltwährungspolitik unerlässlich."

9.2 Wirtschaftsethik, Konkurrenz mit Anstand, Konflikte auf dem Weg zu Solidarität

(nach Hans Küng und Karl Homann)

Herausragende Bedeutung zum Thema Weltwirtschaftsethik hat das Manifest „Globales Wirtschaftsethos". Die wichtigsten Gründe dafür sind:

1. Es wurde von Hans Küng mit einer großen Zahl bekannter Führungskräfte der großen Religionen, der Politik und Wirtschaft erarbeitet und unterzeichnet.

2. Es postuliert auf der Basis mehrerer tausend Jahre alter gemeinsamer Werte der großen Weltreligionen folgende allgemeingültigen Grundwerte für globales Wirtschaften:

- Gewaltlosigkeit und Achtung vor dem Leben
- Wahrhaftigkeit und Toleranz
- Achtung und Partnerschaft.

3. Es konkretisiert die Folgerungen aus diesen Grundwerten in insgesamt 13 Artikeln und fordert am Schluss dazu auf, die sehr ähnlichen international akzeptierten Verhaltensnormen der von den Vereinten Nationen (UN) 1948 erklärten Allgemeinen Menschenrechte und Menschenpflichten zu respektieren und zu schützen und verweist zusätzlich auf die international anerkannten Leitlinien der UN für ethisches Verhalten global agierender Unternehmen, für die Amnesty International eintritt und die ich im folgenden Punkt 9.3 vorstelle.

Das vollständige Manifest Globales Wirtschaftsethos findet man im Internet unter www. globaleswirtschaftsethos.de und Vertiefung im Buch von Hans Küng Anständig wirtschaften.[87]

Bevor ich die dem Manifest sehr ähnlichen Inhalte von Global Compact erläutere, muss ich grundlegende Überlegungen zur Wirtschaftsethik von Professor Karl Homann[88] erwähnen aus dessen Abschiedsvorlesung „Was bringt die Wirtschaftsethik für die Ethik?", weil Homanns Gedanken auf Kernprobleme ethischen Verhaltens in unserer Wettbewerbswirtschaft aufmerksam machen und übliche Rechtfertigungen und Folgen unmoralischen Verhaltens erklären.

Homann unterscheidet dafür verschiedene Modelle.

Das Standardmodell der Ethik, das insbesondere Verhaltensnormen für natürliche Personen aufstellt. Diese geben ein SOLLEN vor, das das Individuum WOLLEN sollte. Im Zentrum des Standardmodells der Ethik steht der Wille des Individuums. Allerdings unterliegt

---

[87] Hans Küng, Anständig wirtschaften, Warum Ökonomie Moral braucht, München, Zürich 2012

[88] Karl Homann, Was bringt die Wirtschaftsethik für die Ethik? Abschiedsvorlesung an der Ludwig-Maximilians-Universität München vom 17. Juli 2008

alles Handeln empirischen Restriktionen, einer ganzen Reihe von „Unmöglichkeiten". D.h. Sollen setzt Können voraus. Daraus folgt, dass der Einzelne bei allen moralischen Forderungen, die er - wegen Unmöglichkeit - nicht erfüllen kann, aus der Verpflichtung entlassen ist. Soweit - verdichtet - Homanns Vortragstext (S. 3)

So liefert also das Standardmodell der Ethik die Entschuldigung für moderne sklavenarbeitsähnliche Verhältnisse in der aus unserer Sicht so strahlenden freien Weltwirtschaft. Denn - so sagen westliche Handelskonzerne - sie können selbstverständlich keinen Einfluss nehmen auf Arbeitsbedingungen und Lohnzahlung asiatischer Produzenten. Und liberal-konservative Politiker schließen sich dieser oberflächlichen Entschuldigung üblicherweise an.

Homann begründet vertiefend, weshalb das klassische Ethikmodell für eine Ethik unserer weltweiten Wettbewerbswirtschaft völlig ungeeignet ist und wie es weiterentwickelt werden muss. Er sagt (S.4):

„Der Grundriss einer Wirtschaftsethik für die Marktwirtschaft
Das zentrale Problem einer Wirtschaftsethik für die Marktwirtschaft besteht darin, dass moralische Vor- und Mehrleistungen Einzelner, sofern sie zu Kostenerhöhungen führen, von der weniger moralischen Konkurrenz ausgebeutet werden können, so dass die moralischen Wettbewerber in Wettbewerbsnachteil geraten und u.U. aus dem Markt ausscheiden müssen. Dieser Wettbewerb ist kein Betriebsunfall der Marktwirtschaft, sondern ihr - letztlich ethisch begründetes - Programm. Damit bekommt die philosophische Ethik unter Bedingungen des - heute globalen - Wettbewerbs ein systemisches Problem: Der Schluss von gut begründeten Normen auf die unbedingte Verpflichtung, gemäß diesen Normen zu handeln, erweist sich als Kurzschluss, weil keine Ethik vom Einzelnen verlangen kann, dass er dauerhaft und systematisch gegen seine Interessen handelt - Was ist zu tun?" Hohmann fährt fort, es gäbe zwei Strategien, Wettbewerb und Moral kompatibel zu machen (S. 4):

„Durch sanktionsbewehrte Regeln (einer Rahmenordnung) werden die Konkurrenten denselben Moralstandards unterworfen und können aus weniger moralischem Verhalten keinen Vorteil mehr ziehen." Homann nennt das die **ordnungspolitische Strategie.**

„Oder die Moral - nehmen wir hier Fairness, Integrität - wird im Wettbewerb von den Interaktionspartnern honoriert, so dass die moralischen Akteure Wettbewerbsvorteile am Markt haben." Homann nennt das die **Wettbewerbsstrategie.**

Damit kommen wir der Bedeutung und den Defiziten von Global Compact schon sehr nah. Es ist ein Ordnungsrahmen, aber freiwillig und ohne Sanktionen bei Missachtung, also im Sinn der von Homann genannten Kriterien im herrschenden weltweiten Wettbewerbssystem eine unfertige nicht effiziente ordnungspolitische Strategie!

Bevor ich näher auf Global Compact eingehe, müssen wir der Vertiefung von Homanns Analyse weiter folgen. Er führt aus, dass das Standardmodell der Ethik auf den Willen der natürlichen Person gerichtet ist und deren Motivation berücksichtigt. Dieses Modell sei offenbar nicht kompatibel mit und anwendbar auf Unternehmen, also juristische Personen und Hauptakteure der globalen Wettbewerbswirtschaft. Auch die Sanktionierung von Unternehmen (z.B. für Korruption oder Verstöße gegen Umweltrecht) ist noch relativ neu und gering entwickelt. Deshalb kommt Homann zu zwei weiteren Folgerungen (S. 10):

„Bei Problemstrukturen vom Typ ... Wettbewerb (die einzelnen Akteure müssen befürchten, von anderen ausgebeutet zu werden und antworten mit präventiver Gegenausbeutung) erhalten wir auf der Makroebene systematisch Ergebnisse, die keiner will, die keiner intentional anstrebt. Niemand will Klimawandel oder die Arbeitslosigkeit, aber wir generieren diese Ergebnisse systematisch."

Homann fordert deshalb (S. 11 f.): „ ... festhaltend an der abendländisch-christlichen Ethik, also Würde und Freiheit des Einzelnen und der Solidarität aller Menschen:

Das erweiterte Ethikmodell (für die Wettbewerbswirtschaft)
„Erst mit einer sanktionsbewehrten sozialen Ordnung sind die Voraussetzungen gegeben, dass Moral, die bislang „nur" für die Gesinnung verbindlich war, auch für das Handeln der Einzelnen verbindlich werden kann. ... (S. 13) Das Modell hilft uns, in den komplexen Problemzusammenhängen der modernen Gesellschaft Orientierung zu gewinnen und die Probleme einer Lösung näher zu bringen."
Homann schließt mit den Worten (S. 14): „Meine Überzeugung ist, dass die Voraussetzungen für eine Welt des Friedens und der allgemeinen Glückseligkeit noch nie so günstig waren wie heute. Wenn wir klug sind, können wir der Zukunft mit großem Optimismus entgegensehen."

Angesichts gravierender Fehlentwicklungen und Krisen in der Welt scheinen mir allerdings Zweifel an unserer Klugheit berechtigt.

Der frühere Präses der EKD Wolfgang Huber[89] erläutert 2013 zur Wirtschaftsethik Folgendes: „Der indische Nationalökonom Amartya Sen sieht einen möglichen wirtschaftsethischen Konsens in einer „Ökonomie für den Menschen". Eine freiheitliche Wirtschaftsordnung dient nach seiner Auffassung der Überwindung von Armut und fördert faire Entwicklungschancen. Wenn man wie Amartya Sen Armut als einen Mangel an Teilhabe- und Verwirklichungschancen versteht, ist es folgerichtig, die Behebung der Armut nicht von einer Entwicklungsdiktatur zu erhoffen, sondern auf eine Verbreiterung der Verwirklichungschancen durch Bildung, Beteiligungsgerechtigkeit und eine aktive Wirtschafts- und Sozialpolitik zu setzen."

Huber fährt fort: „Was kann christliche Ethik zu einem solchen übergreifenden Konsens beitragen? Auf dem Hintergrund der jüdischchristlichen Überlieferung bringt sie in eine „Ökonomie für den Menschen" vor allem vier kulturelle Grundüberzeugungen ein: die

---

[89] Wolfgang Huber, Ethik, Die Grundlagen unseres Lebens von der Geburt bis zum Tod, München 2013, S. 160 ff.

Verpflichtung auf (1) die gleiche Würde jedes Menschen, (2) die Verantwortung für die Lebensbedingungen künftiger Generationen, (3) die Haltung des „Habens als hätte man nicht" („Ihr könnt nicht Gott dienen und dem Mammon" Matthäus 6,24) und schließlich (4) die Bewahrung und Erneuerung von Vertrauen."

Das Amartya Sen-Zitat von Huber entspricht unserer positiven Sicht auf die größte asiatische Demokratie. Als Postulat ist dem zitierten wohl voll zuzustimmen. Jedoch sollte dieses Postulat nicht darüber hinwegtäuschen, dass die soziale Wirklichkeit Indiens von der Verwirklichung der Forderungen von Sen auf krasseste Weise sehr weit entfernt ist. Das ist wichtig, weil der Systemwettbewerb zwischen China und Indien noch keineswegs zugunsten von Indien entschieden zu sein scheint. Und es ist wichtig, was Blume und Hein[90] in ihrem Buch Indiens verdrängte Wahrheit schreiben: „Der Ökonom Arun Kumar aus Neu-Delhi fasst zusammen: „Die Hälfte unseres Bruttosozialprodukts ist von der schwarzen Wirtschaft erfasst, sie pervertiert alle Bereiche unseres Lebens." Stimmen seine Berechnungen, dann wurden seit der Gründung der Republik konservativ geschätzt 462 Milliarden Dollar illegal ins Ausland transferiert, weitere 178 Milliarden Dollar wurden innerhalb Indiens beiseitegeschafft … ähnlich professionalisiert ist inzwischen die Steuerhinterziehung … in Indien ist sie der Normalzustand. … Was getan wird, bleibt Flickwerk." Auf dem Schutzumschlag ihres Buches schreiben die Autoren Blume und Hein: „In der wirtschaftlichen Blütezeit haben die indischen Eliten nicht in die Zukunft des Landes, in Bildung und gesellschaftlichen Fortschritt investiert. Die Folge: Misshandlungen, Vergewaltigungen und entwürdigende Lebensbedingungen sind vor allem für Frauen und Kinder an der Tagesordnung. Ausbeutung und Korruption, Vernachlässigung und Fehlplanung prägen den Alltag. … Wir alle, auch im Westen, können den Indern helfen, ihre eigene

---

[90] Georg Blume; Christoph Hein, Indiens verdrängte Wahrheit, Hamburg 2014, S. 140

Wirklichkeit fester ins Auge zu fassen und weniger Wahrheiten zu verdrängen. Das hat mit Besserwisserei nichts zu tun - wohl aber mit Kritik an einem fehlgeleiteten Gesellschaftssystem." - Das sind Wahrheiten, die Firmen wie KIK, H&M und C&A ihre Käufermacht missbrauchend aus ihrer Verantwortung verdrängen, mit dem Argument, sie könnten in die Arbeits- und Entlohnungsbedingungen ihrer Lieferanten nicht hineinwirken.

Hier wird das Motiv klar, weshalb dies Buch geschrieben wird. Wir müssen mit den Argumenten von K. Homann einsehen, international wirtschaftende Unternehmen brauchen Regeln, die sie verantwortlich und schadensersatzpflichtig machen für menschenunwürdige Arbeitsbedingungen und Umweltschäden auf ihrer gesamten Beschaffungsstrecke weltweit, wenn wir im Wettkampf der Systeme nicht als Schurkenstaat am Pranger einer zerstörten Welt enden wollen.

9.3 Herausforderungen der Globalisierung bewältigen (J.Stiglitz)
Ich gebe hier bedeutsame Widersprüche zwischen Hauptversprechen und Hauptdefiziten der Globalisierung zu bedenken:
Das von Institutionen, Medien und Regierungen der westlichen Industrieländer, die die Globalisierung befürworten, bis heute ständig wiederholte **Hauptversprechen** lautet immer noch: Weitere Liberalisierung und immer mehr internationaler Handel bringe allen Beteiligten immer weiter mehr Wohlstand.
Diese Behauptung ist nicht mehr haltbar, sondern eher unverantwortbar und zunehmend sogar gefährlich, weil die Hauptdefizite der Globalisierung inzwischen zahlreichen Verlierern klar sind, die sich jetzt zu den Gewinnern auf den Weg machen, um sich von Aussichtslosigkeit und Not aus instabilen Staaten zu befreien. Klimawandel, Kriege, digitale Kommunikation, Kriminalität und Korruption beschleunigen diesen kaum kontrollierbaren Prozess. Da wir über diese menschenverachtenden Tragödien informiert sind, müssen wir die Defekte der Globalisierung mit gebotenem Ernst als Basis für erforderliche Veränderungen zur Kenntnis nehmen.

China, das keine Liberalisierung des internationalen Kapitalverkehrs zugelassen hat und so den unkontrollierten Zu- und Abfluss von Spekulationskapital verhindert hat, ist das eindrucksvolle, positive Beispiel. China erreichte über viele Jahre außerordentliches industriell fundiertes Wachstum durch intensive Exportförderung, mit großem Erfolg bei der Armutsbekämpfung. Die Zahl der Armen wurde in China von 614 Mio. auf 212 Mio. verringert.[91] Chinas Erfolge dürfen aber nicht über Hauptdefizite der Globalisierung hinwegtäuschen, von denen ich unter 5.5 berichtet habe.

Ich erinnere zusammenfassend an folgende **Hauptdefizite** der Globalisierung, diese sind: (1) zunehmende Armut, (2) wachsende Schulden, (3) zunehmende politische Instabilität, (4) Unterschätzung des Klimawandels, (5) weitgehend unzureichend honorierte Ressourcenplünderung, (6) zu wenig Fairer Handel, (7) exzessive Privatisierung staatlicher Funktionen mit Verkauf staatlicher Vermögen (Washington Konsensus), (8) überzogene Liberalisierung des internationalen Kaptalverkehrs, mit der Folge computergestützter Turbospekulation und der weiteren Folge, gefährlicher Abhängigkeit demokratisch gewählter Regierungen von den kurzfristigen Beurteilungen von Großspekulanten (schönfärbend Investoren genannt), die bei Gewinnerwartung viel Kapital in ein Land hineingeben und es, sobald sie Verluste erwarten, kurzfristig wieder herausholen, was die Stabilität und Entwicklung schwacher Volkswirtschaften stark beeinträchtigen kann, (9) Digitale Kommunikation, Kriminalität und Korruption beschleunigen die daraus resultierende Migration, (10) Die sich gegenseitig beeinflussenden und beschleunigenden Prozesse ergeben eine wachsende Gefahr sich aufschaukelnder immer schwieriger zu vermeidender Katastrophen.

---

[91] World Bank Research Group, Shaouhua Chen; Martin Ravallion, How have the World's Poorest fared since the early 1980? In IBRD Working Paper 3341 Juni 2004

Die World Commission on the Social Dimension of Globalization,[92] über deren Ergebniss (wachsender Arbeitslosigkeit) ich in Pkt. 5.5.2 schon berichtet habe, kritisiert 2002 ferner Folgendes:
Die traurige Wahrheit sei, dass außerhalb Chinas, Armut in der 3.Welt in den letzten zwanzig Jahren zugenommen habe. Etwa 2,6 Mrd. Menschen lebten demnach in Armut, davon mehr als 1 Mrd. in extremer Armut. In Afrika, wo der Anteil der extrem armen Bevölkerung von 1981 bis 2001 auf 46,9 % nur moderat angestiegen sei, bedeute dies angesichts des hohen Bevölkerungswachstums jedoch etwa eine Verdoppelung extremer Armut von 164 Mio. auf 316 Mio. Menschen. Erschwerend komme hinzu, dass Afrika schon zur Kolonialzeit und von der Globalisierung durch Ausbeute seiner Rohstoffe ohne angemessene Gegenleistung am heftigsten geschadet wurde.[93]

Stiglitz[94] verlangt im Rahmen einer umfassenden Globalisierungsreform folgende „wichtigste Änderungen, die notwendig sind, um aus der Globalisierung eine Erfolgsgeschichte zu machen. Nicht nur für die Reichen und Mächtigen, sondern für alle Menschen, auch die in den ärmsten Ländern. Die Aufgabe wird langwierig und beschwerlich. … Wir müssen sie in Angriff nehmen. Jetzt."

Am 9. Januar 2017 vom ARD nach seiner Meinung über die Ankündigung von Donald Trump befragt, dass dieser die Importe reduzieren wolle, antwortet der Vorstandsvorsitzende des Daimlerkonzerns Herr Zetsche in den Abendnachrichten sinngemäß, er sei zuversichtlich, dass Herr Trump einsehen werde, dass Handel bekanntlich allen nütze. Der Leser kann nun selbst beurteilen, wer sich irrt, der Wirtschaftsnobelpreisträger oder der Vorstandsvorsitzende.

---

[92] *World Commission on the Social Dimension of Globalization,* vgl. Stiglitz, Globalisierung op. cit. 2006 a.a.O., S. 27 ff. und 348 - 362

[93] Vgl. IBRD, World Development Report 2000/2001, Attacking Poverty, Washington D.C. 2002

[94] Stiglitz, Globalisierung, op.cit. 2006, S. 348 - 362

Fazit 20: Stiglitz fordert folgende Maßnahmen zu umfassender Globalisierungsreform

Er begründet an den angegebenen Stellen folgende Maßnahmen für demokratische Mitwirkung und Kontrolle in den Institutionen der Globalisierung, um auch Verlierer an den Erfolgen zu beteiligen:

„Änderung der Stimmrechtsverteilung bei IMF und Weltbank (S. 349)

Veränderung bei der Repräsentation, nicht Beschränkung auf Finanz- und Wirtschaftsminister, sondern Hinzuziehung von Repräsentanten der Arbeits- und Umweltministerien, da sonst deren Belange weiter unbeachtet bleiben (S. 350)

Demokratisierung der Verfahren, um den wenig entwickelten Ländern eine Chance gegenüber den Mächtigen zu gewähren (S. 350)

Mehr Transparenz und Ausbau von Rechenschaftspflichten, weshalb Geld verfügbar war, um Forderungen internationaler Banken zu decken, nicht aber für Nahrungsmittelsubventionen für Bedürftige? (S. 351-352)

Bessere Regeln für die Lösung von Interessenkonflikten (S. 351)

Ausbau der Fähigkeiten der Entwicklungsländer zu echter Teilhabe an der Entscheidungsfindung (S. 351)

Ausbau juristischer Verfahren, weil die USA offenkundig unfair als Kläger, Richter+Geschworene Antidumpingzölle verhängen (S. 352)

Bessere Durchsetzung internationaler Rechtsnormen gegen Subventionen und für Fairen Handel (S. 352)

Zusage der entwickelten Länder auf Fairen Handel hinzuwirken (S. 354)

Zusage der entwickelten Länder, den Entwicklungsländern für ihre ökologischen Dienstleistungen sowohl bei der Erhaltung der Artenvielfalt als auch hinsichtlich ihres Beitrags zur Bekämpfung der globalen Erwärmung durch Kohlenstoffemissionen eine Vergütung zu zahlen (S. 354)

Verpflichtung der entwickelten Länder, den Entwicklungsländern für natürliche Ressourcen einen angemessenen Preis zu zahlen (S. 354)

Erneuerung der Zusage der Industrieländer, ärmeren Ländern Finanzhilfe in Höhe von 0,7 % ihres Bruttoinlandsproduktes zu zahlen (S. 354)

Einbeziehung weiterer Länder in den Schuldenerlass von 2005 (S. 355)

Reform der Weltfinanzordnung, deren Instabilität vielen Entwicklungsländern stark zugesetzt hat, u.a. zur Finanzierung öffentlicher Güter (S. 355)

Multinationale Konzerne dazu zwingen, ihre Haftpflicht etwa im Hinblick auf von ihnen verursachte Umweltschäden anzuerkennen (S. 355)

Investitionen in Infrastruktur und Bildung sowie
Bekämpfung von Korruption und Bestechung
Begrenzung von Waffenhandel und Bankgeheimnis (S. 355)

Mehr Gewicht für den Wirtschafts- und Sozialrat der UN könnte dazu beitragen, dass Fragen, die für das Wohlergehen der gesamten Menschheit von zentraler Bedeutung sind, die gebührende Beachtung erhalten ... z.B. Reform der Weltfinanzordnung, Reform der Weltwährungsreserven (für neue Verfahren der Restrukturierung von Staatsschulden und Insolvenzverfahren, die nicht von Gläubigerländern kontrolliert werden). Der Wirtschafts- und Sozialrat könnte die Regenwaldinitiative und Regime zum Schutz geistigen Eigentums vorantreiben (S. 356-357) Verringerung der Demokratiedefizite (S. 357)

Es geht für die Völkergemeinschaft darum, eine gemeinsame Sicherheitsstrategie zu gewinnen ... Sicherheitspolitische Belange können sich erheblich auf die Globalisierung auswirken. ... Sorgen über Verfügbarkeit von Grundgütern (wie Energie, Nahrungsmittel) sind ein Grund, Importe zu beschränken und Produktion zu subventionieren. Damit gerät der gesamte Ordnungsrahmen der Handelsliberalisierung in Gefahr" (Stiglitz, Globalisierung, op.cit. S. 395).

9.4 UN-GLOBAL COMPACT, Netzwerk nachhaltiger Wirtschaft von Unternehmen, die Umwelt- und Menschenrechte achten[95]

Mit über 9.146 teilnehmenden Unternehmen in 168 Ländern ist UN-Global Compact heute das weltweit größte Netzwerk der Vereinten Nationen von Unternehmen mit dem Ziel einer Verbesserung der Achtung der Menschenrechte und des Schutzes der Umwelt durch international agierende Wirtschaftsunternehmen. Mitglieder von Global Compact verpflichten sich, freiwillig die zehn Prinzipien des Programms zu befolgen. Diese sind folgende:

1.+2. Die Menschenrechte achten und sich für deren Einhaltung engagieren
3. Vereinigungsfreiheit gewähren
4. Für Beseitigung von Zwangsarbeit eintreten
5. Kinderarbeit abschaffen
6. Beseitigung von Diskriminierung bei Einstellung und Beschäftigung
7. Sorgsamen Umgang mit der Umwelt unterstützen
8. Initiativen für sorgsamen Umgang mit der Umwelt ergreifen
9. Entwicklung und Verbreitung umweltfreundlicher Technologien fördern
10. Einsatz gegen Korruption inklusive Erpressung und Bestechung.

Die Mitgliedsunternehmen wollen wesentlich zur Erreichung der UN-Ziele zur Erreichung Nachhaltiger Entwicklung, der Sustainable Development Goals (SDG) beitragen. Ein Lichtblick mit viel Potenzial, denn bisher sind erst etwa dreizehn Prozent der möglichen etwa 70.000 international agierenden Unternehmen beigetreten.

---

[95] Quelle: www.global.compact.de

Amnesty International fordert zur Effizienzsteigerung:
1. Eine Verpflichtung der beteiligten Unternehmen auf alle zehn Prinzipien ohne die Möglichkeit einer Begrenzung der Verpflichtung auf ausgewählte Prinzipien
2. Eine öffentliche Erklärung der Unternehmen
3. Eine unabhängige Überprüfung
4. Eine uneingeschränkte Veröffentlichung der Ergebnisse solcher Prüfungen
5. Entwicklung eines Sanktionssystems für den Fall von Verstößen gegen die genannten Prinzipien.

Unternehmen, die an Global Compact teilnehmen, sind inzwischen zu jährlichen Fortschrittsberichten (Communication on Progress COPs) verpflichtet, die einer breiten Öffentlichkeit zugänglich gemacht werden und in die Geschäftsberichterstattung einfließen sollen. Die Mindestanforderungen an die Fortschrittsberichte sind:

- Erklärung der Geschäftsführung zum fortdauernden Engagement im Global Compact
- Beschreibung konkreter Aktivitäten des Unternehmens zur Umsetzung der zehn Prinzipien in seinem Einflussbereich und jedem der vier Themenfelder des Global Compact (Menschenrechte, Arbeitsnormen, Umweltschutz und Korruptionsbekämpfung)
- Kann über einzelne Themenfelder nicht berichtet werden, so muss das Unternehmen dieses begründen („report or explain")
- Messung und Bewertung von Ergebnissen anhand definierter qualitativer und/oder quantitativer Indikatoren für die vier Themenfelder.

Mit der Verpflichtung zur Veröffentlichung verfolgt Global Compact die Ziele: Förderung der Transparenz, kontinuierliche Verbesserung der Nachhaltigkeit des Unternehmens, Sicherung der Integrität des UN-Global Compact Programms und Sammlung und Verbreitung von guten Beispielen und Förderung von gegenseitigem Lernen.

Teilnehmer, die ihre Fortschrittsmeldung nicht fristgerecht und/oder vollständig übermitteln, können eine einjährige Nachfrist als „Non-Communicating" oder „Learner Grace Period" erhalten. Läuft diese Frist ohne Berichtlieferung ab, dann erfolgt Ausschluss aus dem Programm.

Global Compact, präsentiert sich überzeugend im Internet und erfüllt inzwischen zwei wichtige Effizienzkriterien von Homann und Amnesty International, Öffentlichkeit und Sanktion. Amnesty und verantwortungsbewusste Bürger sollten sich für eine Intensivierung dieser UN-Initiative engagieren.

10. Was müssen wir wollen, Weltbürger und Regierungen?

Denjenigen, die an dieser Stelle fragen: „Was kann ich jetzt für notwendige Veränderungen tun?" antworte ich:

Erstens: lesen Sie die Fazits Nummer 2, 5, 8, 10, 13, 16, 19 und 20 bis 26. Sie finden diese einfach über das Fazitverzeichnis auf Seite 6 und 7. Diese geben Antworten auf Ihre Frage.

Zweitens: Für weitere Anregungen zu persönlichen Entscheidungen darüber, wie jeder sich für notwendige Veränderungen engagieren kann, verweise ich auf entsprechende Werke der folgenden Autoren[96]: Roger de Weck, Stéphane Hessel, David JC MacKay, Gabor

---

[96] Asfa-Wossem Asserate, Die neue Völkerwanderung, Wer Europa bewahren will, muss Afrika retten, Berlin 2016
Roger de Weck, Nach der Krise, Gibt es einen anderen Kapitalismus?, München 2009
Stéphane Hessel, Engagiert Euch! Berlin 2011
David JC MacKay, Sustainable Energy, without the hot air, UIT Cambridge 2009, im Internet unter www.withouthotair.com frei verfügbar
Gabor Steingart, Weltbeben, Leben im Zeitalter der Überforderung, München 2016
Joseph Stiglitz, Die Chancen der Globalisierung, München 2008
Joseph Stiglitz, Europa spart sich kaputt, Warum die Krisenpolitik gescheitert ist und der Euro einen Neustart braucht, München 2016

Steingart, Joseph Stiglitz, den Wissenschaftlichen Beirat der Bundesregierung für Globale Umweltveränderung (WBGU), Asfa-Wossen Asserate.

Drittens: Für diejenigen, die nicht zurückblättern und in weiteren Quellen suchen möchten, folgen hier Hinweise auf Hauptaufgaben.

Stéphane Hessel[97] sagt: **„Das Schlimmste ist die Gleichgültigkeit.** Zwei große Menschheitsaufgaben sind für jedermann erkennbar:
1. Die weit geöffnete und noch immer weiter sich öffnende Schere zwischen ganz arm und ganz reich..-..Die Ärmsten der Welt verdienen heute kaum zwei Dollar am Tag. Wir dürfen nicht zulassen, dass diese Kluft sich weiter vertieft.

2. Die Menschenrechte und der Zustand unseres Planeten"
Den jungen Menschen sagt er: „Ihr werdet auf konkrete Situationen stoßen, die euch veranlassen, euch zusammen mit anderen zu engagieren."
Die Franzosen Hessel und Morin fordern in Wege der Hoffnung[98]: „Sodann müssen wir - und das gilt in erster Linie für uns selbst - dem Fetisch Wachstum abschwören. Wir müssen neu entscheiden, was wachsen und was schrumpfen soll. Wachsen sollen die umweltfreundlichen Energien, der öffentliche Verkehr, die soziale und solidarische Wirtschaft, Bildung, Kultur, menschlichere Verhältnisse in den Ballungszentren. Schrumpfen müssen die Agrar-, die Erdöl-, und die Atom- und die Rüstungsindustrie, der nicht produktive Zwischenhandel, eine Konsumindustrie, die keine Rücksicht mehr auf unsere Gesundheit nimmt, die Ökonomie des Überflusses und der Oberflächlichkeit, die Praxis der Verschwendung."

Wissenschaftlicher Beirat der Bundesregierung Globale Umweltveränderungen (WBGU), Sondergutachten Klimaschutz als Weltbürgerbewegung, Berlin 2014, Internet: www.wbgu.de mit vielen Quellen
[97] Stéphane Hessel, Empört Euch! Berlin 2011, S.13 f.
[98] Stéphane Hessel und Edgar Morin, Wege der Hoffnung, Berlin 2012, S.13

10.1 Ausbeutung ächten, Fairen Handel statt Völkerwanderung
Die Botschaften von Fritsch (Klima-Migration), de Weck (gemäßigter Kapitalismus), Samuelson (Mäßigung der Globalisierung) Stiglitz (Reform der Weltwährungsordnung), Homann (Wirtschaftsethik), Hohmeyer (Energiewende), Gabriel, Steinmeier, Steinbrück (Industrielle Erneuerung), die Gutachten des WBGU (CO_2–Budget, Weltenergiewende, Weltbürgerbewegung), Helmut Schmidt (Die Mächte der Zukunft) sowie Diamond (Kollaps), Steingart (Weltkrieg um Wohlstand) haben gezeigt, dass wir etwas ändern müssen, weil wir von einem höchst labilen System der Weltwirtschaft profitieren und es munter Soziale Marktwirtschaft und menschenwürdig nennen, während wir Güter konsumieren und in unsere Exportprodukte einbauen, die wir all zu oft unter menschenunwürdigen Bedingungen in Niedriglohnländern herstellen lassen.

Global Trends 2013[99] berichtet von mindestens 27 Mio. Menschen, die in Verhältnissen leben, die verschiedenen Formen der Sklaverei ähneln, davon nach Schätzung der ILO (International Labour Organization der UN) 12 Mio. in Zwangsarbeit. Der Forscher Kevin Bales von der Organisation: *Anti Slavery International* fordert[100]: „Weil Sklaverei und Sklavenhandel nur dort fortgesetzt werden, wo menschenunwürdige Armut Menschen dazu zwingt, sich in eine sklavenähnliche existenzielle Abhängigkeit zu begeben, muss der Kampf gegen die verschiedenen Formen und Dimensionen der modernen Sklaverei zu einer Aufgabe der Menschenrechts- und Entwicklungspolitik gemacht werden."

Fazit 21: Der Rechtsrahmen der UN für international agierende Unternehmen zum Schutz von Menschen und Umwelt (gemäß www. global compact.de) muss mit Sanktionsmöglichkeit und Berichtspflicht verbindlich werden

---

[99] Stiftung Entwicklung und Frieden Hrsg., Global Trends 2013, Frankfurt/M, S. 199
[100] Global Trends 2013 op.cit., S.210

- Die Weltwirtschaft in ihrer heutigen Form ist ein an der Oberfläche strahlend schönes,
- aber leider in weiten Teilen unaufrichtiges System, das sich in nicht sehr ferner Zukunft machtvoll gegen uns wenden kann,
- wenn wir uns nicht im eigenen Interesse - zu Ehrlichkeit, Gerechtigkeit und Anstand durchringen.
- CorA, die deutsche Plattform der European Coalition for Corporate Justice fordert in einer Kampagne: „Die EU und ihre Mitgliedstaaten müssen das EU-Recht ändern, um zu gewährleisten, dass in der EU ansässige Unternehmen für die negativen weltweiten Auswirkungen ihrer Geschäftstätigkeit auf Menschen und Umwelt haftbar gemacht werden können."

Wir wissen und finden es richtig, dass wir nach § 935 BGB kein Eigentum an gestohlenen Sachen erwerben können, aber wir erwerben - vermittelt durch den globalen Handel - gedankenlos Kleidung und andere Güter zu Preisen, die nur möglich sind, weil Produzenten und Händler ihre Angestellten ihrer selbstverständlichen Rechte auf korrekte Bezahlung, Gesundheit und Bildung berauben. Auch wenn wir ein Kleidungsstück zum doppelten Preis erwerben, können wir nicht sicher sein, dass sich das ändert, es sei denn, wir haben uns vergewissert, dass das Produkt zuverlässig zertifiziert aus Fairem Handel „Fair Trade" stammt. Und Vorsicht, in Asien kann man Zertifikate kaufen.

Wir müssen also verlässliche Informationen fordern, dass das, was wir kaufen, auf der gesamten Herstellungs- und Beschaffungskette zu fairen Bedingungen beschafft wurde. Scheininformationen, wie „hergestellt für Discounter XYZ" leisten genau das nicht.

Fair bedeutet, dass alle Beteiligten von ihrer Arbeit ihre Grundbedürfnisse decken können. Dazu gehören: sichere Wohnung, Ernährung, Gesundheit, Teilhabe an Bildung und Freiheit von Diskriminierung. (Vgl. Pkt. 8.6.4 S.133 Ch.Nair) Wenn wir darauf nicht achten, verhalten wir uns **nicht solidarisch mit unseren „Lieferanten"** und riskieren Unterstützung von Ausbeutung mit der möglichen Folge, dass die Ausgebeuteten aus ausweglosen Not demnächst bei unseren Kindern einziehen wollen. Unsere Regierung rühmt unsere Soziale Marktwirtschaft, unsere Freiheit und Hilfsbereitschaft. Unsere skrupellose Ausbeutung und Überforderung vieler Herkunftsländer von Flüchtlingen bleibt unerwähnt. Dazu müssen wir Folgendes klären:

Asfa-Wossen Asserate hat in seinem Buch Die neue Völkerwanderung eine Dokumentation darüber erarbeitet, wie Europa systematisch unter dem Deckmantel von Partnerschaftsabkommen und Freihandel Afrikas Wirtschaft ruiniert, die Migration anheizt und Bedingungen zementiert, durch die sich Afrika und Europa gemeinsam in den Abgrund reißen werden, wenn Europa seine Afrikapolitik nicht grundlegend ändert. Die wichtigsten von Asserate vorgelegten Fakten sind folgende[101]: Europas Agrarindustrie überflutet mit stark subventionierten Produkten deutlich unter Herstellkosten die afrikanischen Märkte. 40% des EU-Haushaltes fließen als Subvention in die Landwirtschaft. Diese Subventionen waren ursprünglich zur Sicherung der Ernährung der europäischen Bevölkerung gedacht. Inzwischen sind sie Instrument eines ruinösen globalen Wettbewerbs, in dem die Landbevölkerung in Entwicklungsländern ihrer Existenzgrundlagen beraubt und aussichtslos zur Flucht getrieben wird. Das belegen folgende Beispiele aus Asserates Dokumentation: In Westafrika stieg der Import an Geflügelteilen, die in Europa nicht gefragt sind, in den letzten 5 Jahren von 200.000 Tonnen auf das Dreifache, 600.000 Tonnen. – In Burkina Faso brach die Milcherzeugung zusammen, weil die Molkereien auf billigeres Milchpulver aus Europa umstellten. – In Ghana sind die Märkte mit Tomatenkonserven aus Italien überfüllt. Das Land importiert z.Zt. 50.000 Tonnen Tomatenmark. In Italien sind folglich 46.500 Kleinbauern aus Ghana gestrandet. Dort ernten sie schlecht bezahlt die Tomaten, die zu Hause ihre

---

[101] A.-W. Asserate, Die neue Völkerwanderung, op.cit. S.168-172

Existenz vernichten. – In der Fischerei sieht es nicht besser aus. Die EU zahlt 60 Mio. € für unbegrenzte Fangrechte vor afrikanischen Küsten und westliche Schiffe fangen – nach Auskunft betroffener Fischer – in einer Nacht so viel wie heimische Fischer in einem Jahr. Das ist doch erkennbar das Gegenteil von Fairem Handel, den die UN im Geist der Partnerschaft in der „Agenda 2030" in Paragraph 30 mit folgendem Text verlangt: „Die Staaten werden nachdrücklich aufgefordert, mit dem Völkerrecht und der Charta der Vereinten Nationen nicht im Einklang stehende einseitige Wirtschafts-, Finanz- oder Handelsmaßnahmen, die der vollen Verwirklichung der wirtschaftlichen und sozialen Entwicklung, insbesondere in den Entwicklungsländern, im Wege stehen, weder zu erlassen noch anzuwenden."[102]

Fazit 22: Fairer Handel mit Anstand statt Völkerwanderung, in Südeuropa und Afrika humane Arbeit für junge Menschen schaffen, sonst kommen die Arbeitslosen zu uns.
Was dafür notwendig ist, habe ich in Pkt. 8.3 und 8.4 behandelt.
- Dazu gehört, dass wir Frankreich und Italien, die wie wir große Nettozahler der EU sind, solidarisch stärken.
- Schon jetzt beginnend, aber nach der Konsolidierung des Südens der EU intensivierend, müssen wir uns als solidarische Partner qualifizieren und helfen, den Nachbarkontinent Afrika wirtschaftlich und politisch zu stabilisieren.
- Die EU muss ihre Afrikapolitik grundlegend und wirksam zu Fairem Handel im Sinne der obigen Agenda 2030 der UN ändern!
- Afrika ist reich an Ressourcen, Land und Energie, aber in weiten Teilen schwach und korrupt. Afrika braucht Unterstützung zur Entwicklung der Energieversorgung mit Erneuerbaren Energien.
- Ohne Überwindung extremer Armut in Afrika wird wegen des Bevölkerungswachstums der gegenwärtige Migrationsdruck auf

---

[102] A.-W. Asserate, op.cit. S. 168

Europa, besonders der Ansturm der Armuts- und Klimaflüchtlinge, dramatisch zunehmen.
- Mit „weiter wie bisher" werden wir Afrika an China und/oder Indien verlieren, die in großem Stil in Afrika Land kaufen.

Als Orientierung für positive Veränderung will ich berichten, was die International Energy Agency (IEA) in ihrem World Energy Outlook 2014 zu Afrika schreibt und was der Afrikakenner Seitz darüber berichtet, wie man Afrika, ohne wenn oder aber, wirklich helfen kann.

Energie für die Gestaltung der Zukunft in Sub-Sahara-Afrika

überschreibt die IEA[103] ihre neueste Lagebeurteilung und Prognose. Dort heißt es: „Diejenigen, die keinen Zugang zu moderner Energie haben, leiden unter extremer Energieunsicherheit. Geschätzte 620 Millionen Menschen in Sub-Sahara-Afrika haben keinen Zugang zu Elektrizität und die, die Zugang haben, erhalten diesen oft höchst unzuverlässig, unzureichend und zu den höchsten Kosten der Welt. Rund 720 Millionen Menschen in der Region sind auf Biomasse zum Kochen und Heizen angewiesen mit fast 600.000 vorzeitigen Todesfällen jährlich wegen ineffizienter Herde mit Rauchentwicklung in den Wohnräumen (weltweite Zahlen zu Air Pollution vgl. S.44 und S.103 d.Verf.) Sub-Sahara-Afrika hat 13 % der Weltbevölkerung, aber nur 4 % der Weltenergienachfrage (mehr als die Hälfte davon Biomasse). Die Region ist reich an Energieressourcen, aber diese sind weitgehend unerschlossen. Fast 30 % der Gasentdeckungen der Welt in den letzten fünf Jahren wurden in der Region erzielt. Sie verfügt auch über reiche Reserven an erneuerbarer Energie, insbesondere Solar- und Wasser- aber auch Wind- und geothermische Energie.

Das Sub-Sahara-Energiesystem ist im Begriff, sich schnell zu entwickeln, aber die vielfältigen Herausforderungen werden nur teilweise bewältigt werden. Die Wirtschaft der Region wird bis 2040 auf das

---

[103] www. IEA.World.Energy-Outlook 2040, S. 6

Vierfache wachsen, die Bevölkerung wird auf das Doppelte wachsen und die Energienachfrage unterproportional um 80 % steigen. Die Stromerzeugung wird sich vervierfachen und die Hälfte dieses Wachstums wird von erneuerbaren Energien kommen. Damit werden die Voraussetzungen entstehen für Versorgungsnetze im ländlichen Raum. Insgesamt werden ungefähr eine Milliarde Menschen Zugang zu elektrischem Strom erhalten, aber immer noch eine halbe Milliarde Menschen wird 2040 weiterhin ohne Strom leben.

Die Ölförderung von Nigeria, Angola und einigen kleineren Fördergebieten im Osten wie Mozambique und Tanzania machen die Region weiterhin zu einem bedeutenden Zentrum der Weltölproduktion. Der Energiesektor der Region kann also mehr für die Gesamtentwicklung der Region leisten als bisher."

Wer die Menschen, Kultur und Probleme unseres Nachbarkontinents Afrika fundiert verstehen möchte, z.B. um Partnerschaft zu sichern, kann dies mit der Lektüre von vier herausragenden Büchern von den Autoren Asfa-Wossen Asserate, Axelle Kabou, Ryszard Kapuściński und Volker Seitz[104] nach meiner Meinung zuverlässig erreichen:

Asfa-Wossen Asserate ist in Addis Abeba geboren, Großneffe des letzten äthiopischen Kaisers Haile Selassie; er arbeitet als Unternehmensberater für Afrika und den Mittleren Osten und ist Autor zahlreicher Bestseller.

Axelle Kabou ist Kamerunerin, in Douala geboren, hat in Paris Anglistik und Ökonomie studiert und in UNO-Projekten in Afrika gear-

---

- [104] Asfa-Wossen Asserate, Die völkerwanderung, Wer europa bewahren will, muss Afrika retten, Berlin 2016
- Axelle Kabou, Weder arm noch ohnmächtig, Eine Streitschrift gegen schwarze Eliten und weiße Helfer, Basel 1995
- Ryszard Kapuściński, Afrikanisches Fieber, Erfahrungen aus vierzig Jahren, München 2007 und
- Volker Seitz, Afrika wird armregiert oder Wie man Afrika wirklich helfen kann, München 2009.

beitet. Ryszard Kapuściński ist polnischer Journalist, der mit Peter Scholl-Latour vergleichbar 40 Jahre lang aus eigenem Erleben von den Brennpunkten der Krisen in Afrika und der Sowjetunion berichtet hat. Volker Seitz war von 1965 bis 2008 für das Auswärtige Amt bei der EU und in mehreren Ländern Afrikas u.a. als Botschafter tätig. Alle vier Autoren zeichnet eine profunde Professionalität und Ehrlichkeit der Analyse und Berichterstattung aus. Ich erwähne dies, weil wir erkennen müssen, dass die bevorstehende Katastrophe Afrikas zu den großen Herausforderungen für die EU werden wird.

Ich zitiere deshalb von Volker Seitz sein Plädoyer für eine radikale Änderung der Entwicklungshilfe, das sich mit den Ausführungen von Axelle Kabou deckt. Ich nenne im Folgenden nur die
Überschriften der von Seitz ausführlich begründeten Forderungen (S.173-202):
- „Ein Rechnungshof für Entwicklungshilfe ist notwendig
- Entwicklungspolitik muss Teil der Außenpolitik werden
- Internationale Projekte bedürfen besonderer Führungseffizienz und Kontrolle (S. 173)
- Die Landwirtschaft muss unterstützt werden (S. 176)
- Die kleinen Leute müssen (nicht als Objekte von Großbank-Marketing) sondern nach fairen Regeln von Mohammad Yunus mit unterstützender Beratung gefördert werden (S. 179)
- Die Frauen als wahre Leistungsträger müssen unterstützt werden (S. 181)
- Friedenseinsätze müssen professioneller organisiert werden (S. 185)
- Die Hochschulbildung muss verbessert werden (S. 187)
- Die Kultur Afrikas muss einen anderen Stellenwert bekommen (S. 189)
- Wir müssen die Länder unterstützen, die eine gute Regierungsführung haben (S. 192)

- Wir müssen auf zukunftsorientierte Partnerschaften setzen (S. 195)
- Sechs Wahrheiten zur Entwicklungshilfe: (1) Malaisen in Afrika dürfen nicht schöngeredet werden. (2) Erfolg muss überprüft werden. (3) Auch die Arbeit von Nichtregierungsorganisationen sollte regelmäßig überprüft werden. (4) Wir sollten so wenig Geld wie möglich und nur so viel wie dringend nötig fließen lassen. (5) Eine schlechte Regierungsführung muss Folgen haben. (6) Die Schlüsselrolle im Kampf gegen Armut müssen die afrikanischen Regierungen selbst übernehmen (S.199-202).

Ich wiederhole meine Überzeugung, dass wir zunächst der Jugend Südeuropas Zukunftsperspektiven eröffnen müssen durch Investitionen in Bildung und Arbeitsplätze - keine triviale Aufgabe (vgl. Pkt 8.3 und 8.4). Und dann müssen wir Partnerländer in Afrika konsolidieren.

Das ist ein Gordischer Knoten. Die Bundesrepublik hat (lt. Der Spiegel Nr.9 vom 21.2.2015, S. 36) von 2009 bis 2013 zwar rund 17 Mrd. Entwicklungshilfe an Afrika gezahlt, aber damit z.B. in der Republik Kongo und in Kenia kein effizientes Kooperationsklima auf Regierungsebene bewahren können.

Seitz berichtet zur Wettbewerbslage in Afrika (op.cit. S.166): „Im Herbst 2007 hat sich die führende Staatsbank Chinas an der größten afrikanischen Bank beteiligt. Für umgerechnet 3,86 Mrd. Euro hat die Industrial and Commercial Bank of China (ICBC) einen Anteil von 20 % an der südafrikanischen Standard Bank Group, Johannesburg, übernommen. China zeigt damit, dass es strategisch und politisch immer engere Bindung an Afrika sucht. ... derzeit (2007) sollen mehr als 78.000 chinesische Arbeitskräfte längerfristig in Afrika tätig sein. ... China sichert sich Schürfrechte für Koltan im Kongo, Platin in Simbabwe, Mangan in Gabun und Kupfer in Sambia. Es hat Rechte zur Erdölförderung in Angola und Nigeria. Die guten Beziehungen zwischen China und Afrika auf Regierungsebene übertragen sich nur schwer auf die Bevölkerung. Die Kritik wächst. China plündert die Rohstoffe Afrikas und überschwemmt die Märkte mit kurzlebigen Billigwaren."

10.2 UN-Ziele für Nachhaltige Entwicklung unterstützen
   (Quelle: www.un.sustainable.development.goals)
Die Vereinten Nationen haben im September 2015 17 Ziele für Nachhaltige Entwicklung der Welt, Sustainable Development Goals (CDG) dokumentiert und beschlossen, die bis 2030 erreicht werden sollen. Die obige Internetadresse führt für jedes genannte Ziel-Stichwort zu umfassender Informationsvielfalt mit Orientierung für die Mitwirkung an wesentlichen Zukunftsaufgaben. Ich muss mich hier darauf beschränken, durch Nennung der siebzehn Ziele die Universalität dieses UN-Engagements zu zeigen, und auf den wirklich überzeugenden tief gegliederten Internetauftritt verweisen:

1 – 6	**7 – 12**	**13 – 17**
1. POWERTY	7. ENERGY	13. CLIMATE CHANGE
2. HUNGER + FOOD SECURITY	8. ECONOMIC GROWTH	14. OCEANS
3. HEALTH	9. INFRASTRUCTURE; INDUSTRIALIZATION	15. BIODIVERSITY, FORESTS, DESERTIFICATION
4..EDUCATION	10. INEQUALITY	16. PEACE, JUSTICE STRONG INSTITUTIONS
5. GENDER EQUALITY	11. CITIES	
6. WATER + SANITATION	12. SUSTAINABLE CONSUMPTION +PRODUCTION	17.PARTNERSHIPS

10.3 Wir Bürger müssen jeder unsere CO_2-Emissionen senken
David JC MacKay, schreibt in seinem Buch Sustainable Energy[105], wieviel Energie wir im Durchschnitt bei welchen Aktivitäten (wie heizen, kochen, Auto fahren, fliegen) verbrauchen. Das Buch ist eine

---

[105] David JC MacKay, Sustainable Energy, without the hot air, UIT Cambridge 2009, im Internet unter www.withouthotair.com. frei verfügbar

entscheidende Hilfe für individuelles Energiesparen. Dort erfährt man mit konkreten Zahlen und vielen Details z.B. dass Fliegen ähnlich viel Energie kostet wie allein im PKW reisen und dass Schiffsreisen energieintensiver sind als Fliegen, bis hin zum Energieverbrauch pro Person auf 100 km verschiedener Eisenbahnen bei unterschiedlicher Auslastung.

Wir müssen ohne Aufschub anfangen, sehr viel weniger Auto zu fahren, zu fliegen, weniger in schwimmenden Hotels auf dem Meer hin- und herzufahren und weniger zu heizen. Dann wäre der größte Schritt getan. Dazu gibt MacKay jede Menge Fakten.

MacKay nennt folgende Struktur für den Energieverbrauch des Durchschnittsengländers von rund 190 kWh pro Tag und pro Person und die Möglichkeit diesen mit erneuerbarer Energie zu decken (op.cit. S.103):

„Consumption in kWh/day/p		Production in kwh/day/p	
Defence (estimated)	4	Geothermal	1
Transporting stuff	12	Tide an Wave	15
Stuff	48+	Wind Deep offshore	32
Food, farmig, fertilizer	15	Wind shallow offshore	16
Gadgets	4	Hydro	1.5
Light	4	Biomass, Biofuel, Waste	24
Heating, cooling	37	PV	55
Jet flights	30	Solar heating	13
Car	40	Wind	20"
Total Consumption	**194**	**Production renewable**	**177.5**

Das folgende Bild zeigt die Vielfalt der Aktivitäten die sich in einer Weltbürgerbewegung für einen Transformationsprozess zu einer klimafreundlichen und nachhaltigen Weltwirtschaftsordnung vereinigen müssen. Ausführliche Berichte und Anregungen zu jedem Stichwort veröffentlicht WBGU im Internet unter www.wbgu/Sondergutachten.de, Weltbürgerbewegung für den globalen Wandel.

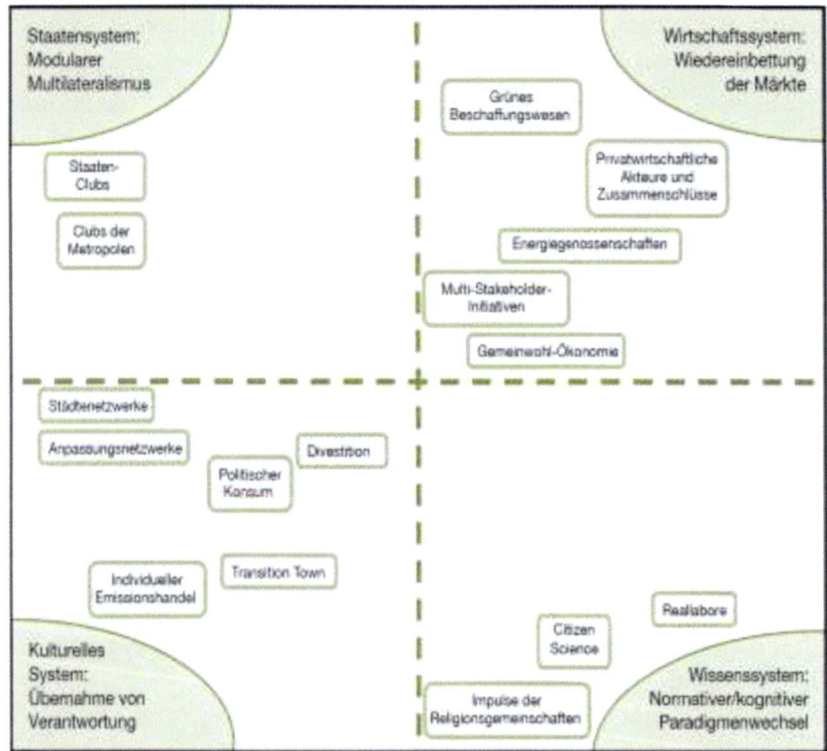

MacKay liefert umfassende technische und wirtschaftliche Informationen, um unser individuelles Energiesparprogramm zu entwickeln und uns an entsprechenden Bürgerinitiativen aktiv zu beteiligen auch im Internet available free online from www.withouthotair.com Damit verfügen wir über die notwendigen Informationen für verantwortungsvolles individuelles Energiesparen im täglichen Leben.

10.4 Regierungen haben in Paris Klimaschutzplanung zugesagt

Der Markt und vagabundierendes Spekulationskapital kennen keine Klimaprobleme und auch keine soziale Verantwortung für Verlierer der Veränderung. Deshalb müssen die nationalen Regierungen für die auf der Pariser Klimakonferenz von 2016 vereinbarten Klimaschutzziele jetzt in schneller Folge auf einer Serie von Konferenzen konkrete Klimaschutzpläne vorlegen, mit Maßnahmenprogrammen und schrittweisen Erfolgskontrollen.

Deshalb brauchen wir staatliche Vorgaben dafür, wieviel CO_2-Emissionen jede Person oder Institution generieren darf, um das Gesamtziel nicht zu gefährden. Nennen wir es CO_2-Budgets, ohne die der Prozess der Dekarbonisierung in vager Beliebigkeit von Hoffen und Bangen verharrt, offen für aufschiebende Trickserei von KFZ-Herstellern oder energetische Wohnraumsanierung mit Mietexplosion oder fehlende Vorsorge für Arbeitslose, deren Arbeitsplätze dem Wandel weichen müssen, z.B. im Braunkohlebergbau.

In seinem Sondergutachten Klimaschutz als Weltbürgerbewegung 2014 legte der WBGU den folgenden Vorschlag für die in 2015 in Paris stattgefundene Klimakonferenz vor (S. 51):

„Der WBGU Vorschlag für ein Pariser Klimaprotokoll
Grundlagen sind das *Vorsorge-, Verursacher* und *Gleichheitsprinzip.* Die Vertragsstaaten der United Nations Framework Convention for Climate Change (UNFCCC) verpflichten sich auf zwei verbindliche Teile des Pariser Klimaprotokolls. **Der allgemeine Teil** des Pariser Klimaprotokolls würde die Vertragsstaaten zur Einbeziehung wissenschaftlichen Sachverstands und zur Gewährleistung von Teilhaberechten verpflichten, um Transparenz und Kontrolle durch die Weltbürgergesellschaft zu fördern. Diese Maßgaben wären für alle Bereiche und Mechanismen des besonderen Teils gültig. Im **besonderen Teil** des Protokolls würden die 2° C Leitplanke und als deren

Konkretisierung das Ziel der CO_2 Nullemissionen bis spätestens zum Jahr 2070 verbindlich verankert."

Zur Erfüllung dieser Verpflichtungen empfiehlt der WBGU ein **Pledge and Review Verfahren**

„(1) Pledges wären freiwillige Selbstverpflichtungen in Form konkreter Emissionsminderungsziele bis zum Jahr 2030 und

(2) Dekarbonisierungsfahrpläne bis zum Jahr 2070.

Die Pledges würden einer verbindlichen Überprüfung (Review) unterzogen. Durch regelmäßige Messung, Berichterstattung und Validierung (Monitoring, Reporting and Verification, MRV) wird die Erreichung der festgelegten Ziele überprüft. Der besondere Teil des Abkommens sollte Regelungen zu Technologietransfer, Finanzierung, flexiblen Mechanismen, Anpassung und dem Umgang mit Verlusten und Schäden enthalten. Besonders für den Klimaschutz engagierte Vorreiter Clubs und Netzwerke könnten bevorzugten Zugang zu Finanzierung oder Technologietransfer erhalten" (Quelle: WBGU Weltbürgerbewegung 2014).

Einzelheiten vgl. im Internet: www.wbgu.de/Sondergutachten

Wo steht Deutschland?

WBGU[106] schreibt: „Die von WBGU favorisierte, mit „Zukunftsverantwortung" bezeichnete Option legt ein globales Budget von 750 Mrd. t CO_2 für den Zeitraum 2010 bis 2050 zugrunde, bei dem eine Wahrscheinlichkeit von zwei Dritteln besteht, die anthropogene Klimaerwärmung auf 2° C zu begrenzen. Dieses wird den einzelnen Staaten anhand ihres Anteils an der Weltbevölkerung im Jahr 2010 zugeteilt."

WBGU (op.cit.) fährt fort: „Für Deutschland ergibt sich entsprechend eines geschätzten Anteils von 1,2 % der Weltbevölkerung ein Budget von 9 Mrd. t CO_2 für den Zeitraum 2010 bis 2050 …

---

[106] WBGU, Sonderbericht, Kassensturz, Der Budgetansatz, 2009, S. 45

Die Bundesregierung strebt bis 2020 eine Senkung der Treibhausgasemissionen von 40 % und bis 2050 eine Senkung von 80-95 % im Vergleich zu 1990 an." …

Fazit 23: Deutschland muss voraussichtlich ab 2024 CO_2-Emissionsrechte von der 3.Welt kaufen, weil Deutschlands CO_2-Budget wahrscheinlich 2024 ausgeschöpft sein wird.

WBGU (op.cit.S.45) fährt fort: „Für den Fall linearer Senkung der Emissionen errechnet WBGU für den Zeitraum 2010 bis 2050 kumulativ 17 Mrd. Tonnen CO_2-Emissionen durch Deutschland.

Unter der Option „Zukunftsverantwortung" stünde dem Land für den Zeitraum 2010 bis 2050 jedoch nur ein Budget von 9 Mrd. Tonnen CO_2 zu, das im Jahr 2024 überschritten würde. Diese Rechnung zeigt, dass Deutschland bei Beibehaltung seiner derzeitigen Ziele sein Kohlenstoffkonto ..-.. überzieht. Daher müsste Deutschland Technologie- und Finanztransfers leisten, um andere Länder bei ihrer Emissionsreduktion zu unterstützen oder auch Anpassungsmaßnahmen zu fördern sowie Verluste und Schäden zu kompensieren." Das WBGU Sondergutachten macht umfangreiche Strategievorschläge und empfiehlt eine besondere Verantwortungsstruktur für ein dynamisches Zusammenwirken von Regierungen, Kommunen und Bürgern. (vgl. WBGU Weltbürgerbewegung 2014, Abb,3-1, S.51- 62).

Der WBGU Budgetansatz 2009 (S. 29 ff.) teilt die Länder nach ihrem jährlichen CO_2-Ausstoß in drei Gruppen, mit unterschiedlicher Entfernung zu dem gemeinsamen Ziel von einer Tonne CO_2-Ausstoß pro Kopf und Jahr (1 t/k j).

Ländergruppe 1
60 Staaten mit mehr als 5,4 t/k j CO_2-Ausstoß
Dazu gehören USA und Australien mit Budgetreichweiten von nur knapp 6 Jahren; Deutschland mit 11 t/k j und die EU mit 9 t/k j, die

ebenfalls mit Budgetreichweiten von 10-12 Jahren rasant reduzieren müssen.

Ländergruppe 2
<u>30 Staaten mit 2,7 bis unter 4,5 t//k j CO_2-Ausstoß</u>
Zu dieser 2. Ländergruppe gehört China mit 4,4 t/k j. Das ist zugleich der Weltdurchschnitt. China emittiert 75% dieser Gruppe und hat wie der Weltdurchschnitt eine Budgetreichweite von 24 Jahren. Zu dieser Gruppe gehören z.B.: Chile, Mexiko, Argentinien, Thailand.

Ländergruppe 3
<u>90 Staaten mit weniger als 2,7 t/k j CO_2-Ausstoß</u>
Diese Gruppe emittiert nur 12% des Welt- CO_2-Ausstoßes, hat aber 50% der Weltbevölkerung. Zu dieser Gruppe gehören z.B. am oberen Ende Brasilien, Ägypten und Peru, deren Budgets für 46, 57 bzw. 59 Jahre reichen würden.

Die Unterschiede der Ländergruppen zeigen die Notwendigkeit globaler Solidarität. Denn die Gruppe 1 kann das Ziel nur verspätet erreichen und muss in der Zwischenzeit Emissionsrechte von der Gruppe 3 kaufen. Diese ist auf technische und finanzielle Hilfe angewiesen. Dadurch wird deutlich, dass der Emissionshandel notwendig ist und zu Preisen erfolgen muss, die den Ländern der Gruppe 3 den Weg zu Erneuerbaren Energien ebnen. Der heutige Preis je Tonne CO_2 von unter 10 € muss zwingend in eine Größenordnung von etwa 2.000,- € erhöht werden, damit finanzielle Solidarität erreicht wird.

10.5 EU-Politiker müssen der Jugend im Süden Perspektiven eröffnen und die Eurozone gegen neue Gefahren sichern durch sozialere Politik für Europa mit:
(1) Schlüsselprojekten für Vollbeschäftigung der Eurozone
(2) Verständigung mit Russland und
(3) Zukunftssicherung der Eurozone

Zu viele Bürger haben Grund zu zweifeln, ob die EU ihnen in kommenden Stürmen gute Arbeit mit fairem Auskommen bieten wird.

Dieses muss geändert werden. - In seinem Buch „Die Europäische Union" weist Weidenfeld[107] daraufhin, dass die europäische Integration nach dem Zweiten Weltkrieg von dem Wunsch der Völker getragen wurde, nach den Grauen des Krieges den Frieden zu sichern, und dass die Integration darüber hinaus durch den aufbrechenden Ost-West-Konflikt für jeden erkennbar identitätsstiftend große Dringlichkeit erhielt. Diese Dringlichkeit der Integration gegen äußere Bedrohung und ihre Identitätsstiftung sind inzwischen durch die deutsche Wiedervereinigung und den Zusammenbruch der Sowjetunion aus dem Bewusstsein der Völker weitgehend verdrängt.

An die Stelle der von Weidenfeld genannten Integrationsmotive ist ein Gefühl der Selbstverständlichkeit von Frieden und Wohlstand getreten, an dem allerdings nicht alle Bürger aller Mitgliedsländer in gleichem Maß teilhaben. Diese Ungleichheit und die von Politikern kaum gewürdigte Unterschiedlichkeit aktueller Probleme führt zu einem verbreiteten Gefühl von Überforderung und unzulänglicher Solidarität. Das belegen folgende Beispiele: Griechenlands, Italiens, Portugals und Spaniens Wirtschaften stagnieren. Prosperität und Zuversicht sind den meisten ihrer Bürger abhandengekommen. Nach Ungarn und Osterreich sind heute besonders Griechenland und Italien durch den Zustrom von Flüchtlingen unter zusätzlichen Druck geraten und mit nahezu unlösbaren Problemen weitgehend allein gelassen (Dublin-Vereinbarung). Italien gelingt die Bewältigung von zwei Erdbeben nur unvollkommen. Europa tut so, als ob uns das nichts angehe. Solidarität sieht anders aus. Die italienische Regierung konnte das Referendum so allein gelassen kaum überstehen. Die baltischen Staaten und Polen, haben ganz andere Probleme. Sie

---

[107] Werner Weidenfeld, Die europäische Union, Akteure-Prozesse-Herausforderungen, München 2013, S. 212 f.

fürchten ähnliche Schwierigkeiten mit Russland, wie die Ukraine erfahren hat. In den baltischen Staaten leben starke russische Minderheiten und Polen fürchtet Flüchtlinge aus der Ukraine aufnehmen zu müssen. Ganz anders ist Frankreichs Lage. Es leidet unter einem Reformstau und einer starken Jugendarbeitslosigkeit kaum integrierter Einwanderer aus seinen früheren Kolonien, mit hohem Anteil an Muslimen. Die inzwischen stärkste Partei ist der europafeindliche *Front National.* Deutlich am besten geht es deutschen Bürgern, sie profitieren von jährlich rund 60 Mrd. Exportüberschüssen nach Europa, und haben das Versprechen ihrer Regierung, dass sie nicht für die Probleme der Partnerländer werden zahlen müssen (kein Bailout). Was sich weitgehend als Wunschdenken erweisen dürfte. Wer solchermaßen bedrängte Nachbarn hat, muss einräumen, dass eine Einigung auf eine europäische Flüchtlings- und Einwanderungspolitik eine sicherheitsrelevante Notwendigkeit darstellt, die erhebliche Einsichten und Fingerspitzengefühl erfordert. All das wird unter den Teppich gekehrt, weil die Institutionen der EU nicht willens beziehungsweise mit den herrschenden Regeln nicht in der Lage sind, spezifische Lösungen zu bieten oder finanziell angemessen zu helfen. Die logische Folge: Brüssels Image ist angeschlagen. - Deshalb muss Europa neu starten - und identitätsstiftende Arbeit schaffen für alle.

Schon vor dem Heraufziehen ungewisser Veränderungen durch Brexit, Trump-Wahl und einen bevorstehenden Digitalisierungssprung schrieb Weidenfeld[108]:

„Einen Aufbruch aus der „zweiten Eurosklerose" kann nur vermitteln, wer die Kunst der großen Deutung beherrscht. Am Beginn steht die Globalisierung mit ihren dramatischen Konsequenzen für jeden Einzelnen. ..-.. Nur die Union kann schlüssige Antworten liefern, nur die Gemeinschaft ist stark genug, den einzelnen Staaten Schutz, Ordnung und Individualität zu garantieren. Europa hat das Potential

---

[108] Weidenfeld, op.cit., S. 212 f.

zur Weltmacht. Allerdings muss dieses Potential angemessen organisiert und mit dem Geist europäischer Identität erfüllt werden. Eine solche Großtat kann das gleiche Europa erbringen, das heute den großen Herausforderungen verunsichert gegenübersteht.

Weidenfeld zitiert Habermas, der gemeint habe, Europas Probleme seien durch eine „normativ verkümmerte Führungsgeneration" geschaffen. Eine kreative, strategisch denkende Politik-Generation sei in der Lage, ein „Europa der Bürger" zu schaffen. Dazu sei nur eine entsprechend „strategisch orientierte Führung" notwendig, dann entstehe das bürgernahe Europa. ..-.. „Diese Aufgabe rechtfertigt jeden Aufwand an Phantasie und Kreativität. Europas Politik muss also mit dem Konzept eines „Europa der Bürger" das Erklärungsdefizit eliminieren."

Bedenken wir: Albert Schweitzer hat zutreffend gesagt, wenn die Interessen der Einzelnen dominieren und geistige Führung fehle, komme das Gemeinwohl unter die Räder. Und dann droht, was Karl Marx meinte: Der materielle Unterbau bestimme den geistigen Überbau. Falls Überforderung, Egoismus und Desinteresse am Gemeinwohl die Zukunft Europas bestimmen, wird diese düster sein. Um das gemeinsam zu vermeiden, kommen wir jetzt zu Projekt- und Maßnahmenvorschlägen der Heinrich Böll Stiftung.

(1) Schlüsselprojekte für Vollbeschäftigung der Eurozone

„Die Einigung Europas lahmt. Um sie wieder in Schwung zu bringen, sollte die EU auf Schlüsselprojekte setzen, an denen der Mehrwert europäischer Zusammenarbeit deutlich wird, - Projekte, die die einzelnen Mitgliedsländer nicht umsetzen können. ..-.. Solidarität und Stärke können als Leitmotiv dienen, um wieder Kurs auf ein vereinigtes Europa zu nehmen."[109]

---

[109] www.boell.de/zukunft-der-eu und Heinrich Böll Stiftung, Hrsg., Europa Band 6, Solidarität und Stärke, Zur Zukunft der Europäischen Union, Berlin 2011

Fazit 24: Schlüsselprojekte[110] für Vollbeschäftigung der Eurozone

Die **Schlüsselprojekte** der Autoren der Heinrich Böll Studie:[111]

- „Eine Wirtschaftsunion, flankierend zu Währungsunion, die insbesondere Krisenländern die Chance eröffnet, nachhaltig zu wachsen
- Ein „Green Deal" für Europa, der durch massive Investitionen in die ökologische Modernisierung der Infrastruktur sowie in Bildung und Wissenschaft eine neue ökonomische Dynamik auslöst
- Eine europäische Gemeinschaft für Erneuerbare Energien (ERENE) soll die politischen Rahmenbedingungen für den Ausbau Erneuerbarer Energien gewährleisten
- Ein gesamteuropäisches Verbundnetz für Strom aus Erneuerbaren Energiequellen, das es erlaubt, Windstrom der Küsten, Solarstrom aus dem Mittelmeerraum und Bioenergien aus den großen Agrarregionen miteinander zu verknüpfen
- Ein Ausbau der transnationalen Schienennetze und eine Modernisierung der öffentlichen Verkehrssysteme in der EU, um attraktive, preisgünstige und umweltfreundliche Alternativen zum Straßenverkehr zu schaffen
- Eine nachhaltige Agrarpolitik, die die Vielfalt der Landwirtschaft in Europa stützt, die Wertschöpfung im ländlichen Raum stärkt, Biodiversität fördert und eine faire Zusammenarbeit mit den Entwicklungsländern sicherstellt
- Ein Europa des sozialen Fortschritts, in dem die EU ihre Rolle als Vorreiterin für Chancengleichheit und gleichberechtigte Teilhabe spielt. Das insbesondere mit Blick auf die Teilhabe und Aufstiegschancen von Jugendlichen, Frauen und Immigranten."

---

[110] Zu fairer Finanzierung vgl. konkrete Finanzierungshinweise bei Heinrich Böll Stiftung, Europa, Band 6, op.cit., S.46

[111] Heinrich Böll Stiftung, Europa Band 6, op.cit.; mit umfassender Vertiefung der wichtigen Zukunftsperspektiven und -chancen, S.12 ff.

Die obigen Vorschläge halte ich für zukunftsentscheidend für die EU und als strategische Orientierung für richtig. Die folgenden im Prinzip ebenfalls überzeugenden Empfehlungen bedürfen jedoch nach meiner Meinung im Licht schlechter Erfahrungen ergänzender Stabilitätsbedingungen. Bei der Böll Stiftung op.cit. heißt es weiter:
- „Eine wertorientierte Außen- und Sicherheitspolitik, die als gelebtes Beispiel für überstaatliche Zusammenarbeit dazu beiträgt, dass sich die Welt im Geiste internationaler Zusammenarbeit entwickelt. Das erfordert eine stärkere Rolle der Kommission und des Europäischen Parlaments in der Außen- und Sicherheitspolitik
- Eine Erweiterungs- und Nachbarschaftspolitik, die Demokratie und Menschenrechte als Maßstab für Zusammenarbeit nimmt und systematisch die demokratische Zivilgesellschaft in der Nachbarschaft stärkt. Die EU muss zu ihrem Versprechen stehen, dass alle europäischen Staaten beitreten können, soweit sie die politischen und wirtschaftlichen Voraussetzungen für eine Mitgliedschaft erfüllen" (Zitat Ende).

Diese letzten zwei Absätze halte ich für eine sehr ehrenwerte Theorie, die eine unzulässige Übervereinfachung der Wirklichkeit darstellt, weil sie zwei Stabilitätsbedingungen außer Acht lässt.

Die erste Stabilitätsbedingung ist, dass die EU zuerst ihren eigenen Süden sanieren muss, denn die Exportüberschüsse der einen führten zu Schulden der anderen, d.h. die gemeinsam verschuldete Arbeitslosigkeit der Jugend muss solidarisch beseitigt werden. Rettung von Banken auf Kosten der Jugend verstößt gegen unsere konstitutionellen Pflichten zur Wahrung der Menschenwürde.

Und vor weiteren Beitritten müssen Systemschwächen behoben werden, damit weitere Erweiterungen nicht zum Kollaps der Union führen. Das heißt, die Euroländer müssen sich vorher auf Regeln für eine gemeinsame Wirtschafts- und Fiskalpolitik einigen, und die Union muss eine gemeinsame Außenpolitik entwickeln.

Ohne entsprechende Statik können alte Gebäude nicht beliebig aufgestockt werden. Ein Musterbeispiel unprofessionellen Wunschdenkens ist die Hamburger Elbphilharmonie, deren Konzertsaal auf einen alten Speicher gesetzt wurde, der dann von Grund auf stabilisiert werden musste. Das Projekt kostet nun das Sechsfache des Plans und seine Bauzeit hat sich um viele Jahre verlängert.

Und die zweite Stabilitätsbedingung, die zu beachten ist, lautet: Die Erweiterung der EU darf nicht die Interessen von nicht beteiligten Nachbarn in einer Weise beschädigen, die zum Krieg führt. Das Beispiel gedanken- und phantasieloser Erweiterungspolitik gegenüber der Ukraine kommt alle Beteiligten teuer zu stehen. Europa benötigt zur Sicherung von Frieden eine Einbettung der EU-Nachbarschaftspolitik in eine wiederbelebte Sicherheitspartnerschaft für ganz Europa, also die Wiederherstellung von verlorenem Vertrauen zu und von Russland.

Mein positives Urteil über die Empfehlungen der Heinrich Böll Stiftung finde ich bestärkt in dem neuen Buch, herausgegeben von Steffen Lehndorff, Spaltende Integration[112]. Lehndorff schreibt am Ende einer umfassenden Berichterstattung über die Weiterentwicklung von finanzpolitischen Regeln und Kontrollen folgende Einschätzung: „Insgesamt stellen die Reformen vor allem eine verpasste Chance dar, die Krise zu nutzen, um Veränderungen herbeizuführen, die die Wachstums- und Beschäftigungschancen in Europa und den Wohlstand der europäischen Bürger erhöhen würden. Es ist auffällig, dass jeder Bezug auf die Rolle der Währungspolitik im Rahmen der Wirtschaftssteuerung in den Reformen fehlt. Andere Aspekte, die dringend reformbedürftig sind - wie die Einschränkung des Steuerwettbewerbs zwischen den EU-Mitgliedstaaten - werden gar nicht behandelt."

---

[112] Steffen Lehndorff: Spaltende Integration, Der Triumph gescheiterter Ideen in Europa – rivisited zehn Länderstudien, Hamburg 2014, S. 258

Helmut Schmidt hat schon Anfang 2009 zur Abwendung einer Depression in den EU-Krisenländern konkrete europäische Projekte gefordert wie die Einbindung Südeuropas in eine europäische Energiewende und Beschäftigungsgesellschaften gegen Jugendarbeitslosigkeit. In der Wochenzeitung „Die Zeit" vom 15.1.2009 schloss er seine eingehende Analyse unter dem Titel „Wie entkommen wir der Depressionsfalle?" mit den Worten: „Zugleich ist aber eine nonchalante Ignoranz der Regierungen und Behörden in Erscheinung getreten, eine unerhörte Fahrlässigkeit der politischen Klasse insgesamt, die sich leichtfertig auf die Illusion einer selbsttätigen Heilungskraft der Finanzmärkte verlassen hat, statt rechtzeitig einzugreifen. Man kann dieser politischen Krankheit einen Namen geben: Irrglauben des Marktradikalismus. ..-.. Man hat von Anfang an die Gefahren der hemmungslosen Habgier nicht erkennen wollen."

(2) Verständigung mit Russland, Chancen für eine neue Partnerschaft?

Wie unter Pkt.8.6.6 (auf S.138) erwähnt, hat Gorbatschow uns geraten, an Bismarck zu denken und auf die Balance der Mächte auf unserem Kontinent zu achten. Daran anknüpfend und, weil die Wahl von Donald Trump zum Präsidenten der USA Europa zu Einheit und Stärke motiviert, zitiere ich vom Programmdirektor des Körber-Zentrums Russland, Alexander Rahr[113], dessen Statement im Bergedorfer Gesprächskreis 2005. Nach einer Kurzdarstellung des Status quo transatlantischer Allianz zwischen Amerika und der EU mit loser Partnerschaft der EU mit Russland z.B. in Energiefragen bis 2020 fuhr Rahr fort:

„Lassen Sie mich nun ein alternatives Entwicklungsmodell für 2020 skizzieren: Die EU hat mit den Amerikanern eine strategische Partnerschaft; beide können aber in vielen wirtschafts- und sicherheitspo-

---

[113] Alexander Rahr, Russland und der Westen, Chancen für eine neue Partnerschaft, Edition Körber-Stiftung, Hamburg 2005, S. 53

litischen Fragen keine Gemeinsamkeit mehr erzielen, weil die Europäer die amerikanische Sicherheitsagenda nicht mehr mittragen und die wirtschaftliche Konkurrenz zwischen ihnen zunimmt. Es gibt keine Allianz mehr im Sinne, wie wir sie kennen.

Für die Europäer bietet sich in diesem Szenario das Modell eines erweiterten Europa, in dem Russland und die Ukraine die notwendigen Rohstoffe zur Verfügung stellen – die Zukunft der Energielieferungen aus dem Persischen Golf sehe ich nicht so sicher wie andere. Gleichzeitig könnten diese Länder wichtige Stützen europäischer Sicherheitspolitik werden, vielleicht erzwingt die terroristische Bedrohung tatsächlich einen Schulterschluss mit Russland. Osteuropa braucht die Europäische Union mehr und mehr als Modernisierungspartner, das führt zu einer Integration ohne besonderen Bezug auf die europäischen Werte. Eine Stärkung der OSZE (einschließlich der Schaffung eines europäischen Sicherheitsrates) könnte ebenso Ausdruck dieser Integration sein wie eine Energieallianz, die die Interessen der Transitländer berücksichtigt. Schließlich könnte die Partnerschaft zwischen Russland und EU-Europa als gemeinsames Projekt des 21. Jahrhunderts sogar eine gemeinsame Raketenabwehr umfassen, die eine große vertrauensbildende Wirkung haben würde. Manche mögen solche Ideen als gefährliche eurasische Träume bezeichnen, aber ich kann mir vorstellen, dass die Welt 2020 so aussehen wird: ein verändertes Russland wächst mit einer veränderten EU zusammen."

Fazit 25: Spannungen mit Russland auf Basis kompatibler Interessen abbauen

Die großen Krisen unserer Zeit sind für Europa nur in Kooperation mit, nicht gegen Russland zu entschärfen, auch wenn dies oft einem Drahtseilakt gleicht, nachdem in jahrelanger Arbeit geschaffenes Vertrauen zerstört wurde und beide Seiten begonnen haben, ihre Waffensysteme zu modernisieren, anstatt mit gegenseitigem Respekt am europäischen Haus zu bauen.

(3) Zukunftssicherung der Eurozone mit Wachstumsstrategie

Unter Punkt 8.2 (S.113 f.) habe ich die Spaltung in Gewinner und Verlierer als Schwäche der EU behandelt. Nachdem ich mit den Argumenten bester Experten begründet habe, was getan werden müsste, bleibt die Frage, warum geschieht kein europäischer Befreiungsschlag?

Es fehlt die Begeisterung für unsere Ziele und die überzeugende Führung dorthin.

Von Krisen in Nachbarländern, Veränderungen durch Klimawandel, einem weiteren Digitalisierungsschub und Zuwanderungen geht eine beachtliche Verunsicherung vieler Arbeitnehmer in der EU aus, die sozialen Abstieg bringen kann. So fühlt sich die Lage vieler EU-Bürger, besonders derer mit Verantwortung für Familien, ziemlich ungemütlich an.

Und nun zur Großwetterlage, die heißt für die EU: „Kälteeinbruch mit Sturm". Die Erosion der Union hat begonnen und kann, wenn wir nicht entschlossen gegenhalten, von den Populisten zügig vorangetrieben werden. Der worst case wäre, dass, nach dem Austritt Englands, Italien durch hohe Schulden, Wirtschaftsflaute und das verlorene Referendum von Ministerpräsident Renzi geschwächt, vom Nettozahler der EU zum Versorgungsfall mutiert. Ferner könnte 2017 in Frankreich, das ebenfalls wirtschaftlich stagniert, Marie le Pen, die Chefin der sehr starken europafeindlichen Partei „Front National" die Präsidentschaftswahl gewinnen. Für den Fall hat der frühere Außenminister Joschka Fischer gesagt: „Dann ist die EU am Ende."

China will global 2050 technologisch führend sein und kauft zunehmend in großem Stil technologisch führende Unternehmen (auch Weingüter) in Europa. Wer Verantwortung trägt, muss erkennen: Es ist notwendig, Gefahr von Europa abzuwenden und die Eurozone vor ihrem drohenden Zusammenbruch wirklich widerstandsfähig zu einen. Nur dieser Weg verspricht die Wahrung von Freiheit und Wohlstand.

Zwei der kompetentesten Ökonomen Thomas Piketty und Joseph Stiglitz kritisieren wie die Fachautoren Steingart und Lehndorff übereinstimmend, dass die von Deutschland mit Unnachgiebigkeit vertretene Sparpolitik falsch und gescheitert sei, weil sie viele mittelständische Existenzen in den Krisenländern des Südens zerstört habe und Investitionen und Wachstum bremse. Und sie haben Recht. Die verschönernd Austeritätspolitik genannte Sparpolitik hat bewirkt, dass, wer genau hinsieht, den Eindruck gewinnt, dass im Süden einige hilflos ohne Mantel „im Regen" stehen, während andere im Norden gepflegt „in die Oper" gehen. Und die im Regen stehen, beginnen sich von Europa abzuwenden.

Weil das von Politikern durch Anwendung der Regeln verursacht wurde und von einigen immer noch als alternativlos vertreten wird, braucht Europa eine wesentliche Nachjustierung seiner Regeln und braucht Führungskräfte, die neue Regeln wirklich wollen und klug umsetzen. Als vielleicht wichtigste Schlussfolgerung dieser Arbeit zitiere ich Thomas Piketty aus „Die Schlacht um den Euro".

Piketty schreibt dort[114]: 1980 bis 2010 also dreißig Jahre lang seien die deutsch französischen Handelsbilanzen im Durchschnitt immer ausgeglichen gewesen. In 2011 sei das Außenhandelsdefizit Frankreichs auf „besorgniserregende" 70 Mrd. Euro (mehr als 3% des BIP) gestiegen. Gleichzeitig habe Deutschland einen gigantischen Außenhandelsüberschuss von 160 Mrd. Euro (mehr als 6% des BIP) erzielt.

---

[114] Thomas Piketty, Die Schlacht um den Euro, München 2015, S.113 ff.

Fazit 26: Die Stabilität des Euro erfordert einen neuen Vertrag Mit Wachstumsstrategie und solidarischer Finanzierung sowie demokratischer Kontrolle

Kerneuropa, zumindest Frankreich und Deutschland mit einigen anderen Ländern, die mit vorangehen wollen, müssen jetzt in der Stunde der Gefahr des Auseinanderbrechens eine finanziell starke, zu schnellem solidarischem Handeln fähige Einheit vollenden.

Bei Joseph Stiglitz und der Heinrich Böll Stiftung[115] finden Sie viele Gründe und umfassende Vertiefung zu dieser Schlussfolgerung. Hier erwähne ich die entscheidende Begründung von Piketty:

Mit massiver Senkung seiner Inlandsnachfrage und jährlichen Außenhandelsüberschüssen in einer Größenordnung von 6% des BIP (der inländischen Gesamtproduktion) verfolge Deutschland eine Strategie, die sich nicht auf die ganze EU ausdehnen lasse, (weil jeder Überschuss des einen ein Defizit eines anderen ist). Mit seinen Außenhandelsüberschüssen könne Deutschland innerhalb von 5 Jahren im Wert von 800 Mrd. Euro die vierzig umsatzstärksten Aktiengesellschaften Frankreichs aufkaufen. Piketty fährt wörtlich fort: „Und die Währungsunion kann mit einem Ungleichgewicht dieser Art nicht richtig funktionieren. Frankreich und Deutschland brauchen im Gegenteil ein starkes und einiges Europa, das in der Lage ist, die Kontrolle über einen außer Rand und Band geratenen globalen Finanzkapitalismus zurückzugewinnen. Dazu ist ein neuer europäischer Vertrag nötig, der sich auf eine Wachstumsstrategie, eine gemeinsame öffentliche Schuld und eine Vereinigung der nationalen Parlamente derjenigen Länder gründet, die auf diesem Weg vorange-

---

[115] Joseph Stiglitz hat soeben auf 526 Seiten dokumentiert: „Europa spart sich kaputt. Warum die Krisenpolitik gescheitert ist und der Euro einen Neustart braucht." Das Buch bietet mit beeindruckender Hingabe die bestechende Sachlichkeit und Klarheit, die alle benötigen, die für die Zukunft Europas denken und arbeiten. Der Studienbericht der Heinrich Böll Stiftung, Europa, Solidarität und Stärke, zur Zukunft der Europäischen Union, Band 6 von 2011 verdient als „Reiseführer" in eine gute Zukunft der EU ebenfalls hervorgehoben zu werden.

hen wollen. Deutschland, das in seinen Überlegungen zur politischen Union weiter ist als wir, muss und kann diese Botschaft verstehen." Piketty fährt fort[116]: „Eine konkrete Lösung könnte sein, eine neue Haushaltskammer der Eurozone zu schaffen, in der die Finanz- und Sozialausschüsse des deutschen Bundestages, der französischen Nationalversammlung und derjenigen Länder vertreten sind, die auf einem solchen Weg vorangehen wollen. Ein Finanzminister der Eurozone an der Spitze eines europäischen Schatzamtes wäre gegenüber dieser Kammer verantwortlich. Dies wäre die Keimzelle einer europäischen Bundesregierung. ..-.. Einer verbreiteten Vorstellung entgegen liegen solche Neuerungen durchaus in Reichweite."

Es ist dringend, in dieser Richtung voranzukommen. Der Wirtschafts-Nobelpreisträger Stiglitz[117] warnt zu Recht: „Europa spart sich kaputt," und nennt die Bedingung, die das Scheitern des Euro verhindern kann: Vollbeschäftigung in allen Mitgliedsländern und begründete Aussicht auf ein gesichertes Alter. Es ist Zeit, das überzeugend zu regeln. Stiglitz behandelt präzise die dafür notwendigen Veränderungen.

Helmut Schmidt beendet sein Buch Globalisierung[118] mit dem Hinweis: „…, dass keine Demokratie auf Dauer Bestand haben kann ohne das doppelte Prinzip von Rechten und Pflichten – und beide Prinzipien gelten für jedermann."

Richard von Weizsäcker schreibt in seinen Erinnerungen[119], zum Thema, die Schöpfung bewahren: „Die Erde ist älter als die Menschen. Sie wird die Menschen auch überdauern. Sie wird uns Menschen beherbergen, solange wir unseren angemessenen Teil von ihren Kräften für uns in Anspruch nehmen – nicht mehr. Wir werden

---

[116] Thomas Piketty, Die Schlacht um den Euro, München 2015, S. 122

[117] Joseph Stiglitz, Europa spart sich kaputt, München 2016, S.128 ff.

[118] Helmut Schmidt, Globalisierung, Stuttgart 1998, S.144

[119] Richard von Weizsäcker, Vier Zeiten, Berlin 1997, S.427 f.

die Natur nie beherrschen. Vielmehr sind wir ein Teil des lebenserhaltenden Kreislaufs. Wir werden unser Leben erhalten, wenn wir ihn nicht zerstören, sondern achten."

Fazit 27: Die Vereinten Nationen haben 2015 das notwendige Zielsystem für eine bessere Zukunft, die Sustainable Development Goals (SDG) beschlossen und im Internet sehr konkret verkündet.

Unter www.un.sustainable.development.goals findet jeder Bürger die „Navigationshilfen", die er benötigt, um mit seinen Fähigkeiten zur den entscheidenden weltweiten Veränderungen beizutragen.

Dort schreiben die Vereinten Nationen:„The SDGs call for worldwide action among governments, business and civil society to end poverty and create a life of dignity and opportunity for all, within the boundaries of the planet. Unlike their predecessor, the Millennium Development Goals, the SDGs explicitly call on all businesses to apply their creativity and innovation to solving sustainable development challenges."

Die Vereinten Nationen haben die Aufgaben definiert[120] und fordern alle Regierungen, Unternehmen und Zivilgesellschaften auf sich gemeinsam für eine erfolgreiche Lösung der Herausforderungen nachhaltiger Entwicklung zu engagieren.

---

[120] Zur Spezifikation der 17 Ziele vgl. Pkt. 10.2

Literaturverzeichnis und Dank

Asserate, Asfa-Wossen, Die neue Völkerwanderung, Wer Europa bewahren will, muss Afrika retten, Berlin 2016
Baßeler, Ulrich; Heinrich, Jürgen; Koch, Walter A.S., Grundlagen und Probleme der Volkswirtschaft, 15. Aufl., Köln 1999 (fundiert+verständlich)
Beck-Texte im dtv, Grundgesetz, mit Menschenrechtskonvention und EU-Grundrechts-Charta, München 2011
Bender, Peter, Weltmacht Amerika - Das neue Rom, München 2005
Bergedorfer Gesprächskreis, 131.Protokoll, Russland und der Westen, Chancen für eine neue Partnerschaft, Potsdam Juni 2005
Blume, Georg; Hein, Christoph, Indiens verdrängte Wahrheit, Streitschrift gegen ein unmenschliches System, Hamburg 2014
Bode, Thilo, TTIP die Freihandelslüge, München 2015
Brinkbäumer, Klaus, Der Traum vom Leben, Frankfurt/M 2006
Cartier, Raymond, Der Zweite Weltkrieg, München und Zürich 1977
Cairncross, Frances, Costing the Earth, what governments must do, what consumers need to know, how business can profit, London 1991
Diamond, Jared, Kollaps, Warum Gesellschaften überleben oder untergehen, Frankfurt/M 2010
Dönhoff, Marion, Macht und Moral, Köln 2000
Dönhoff, Marion, Zivilisiert den Kapitalismus, Grenzen der Freiheit, Stuttgart 1997 Körber-Stiftung, Russland und der Westen,
Fischer, Joschka, Für einen neuen Gesellschaftsvertrag, Köln 1998
Fritsch, Bruno, Mensch-Umwelt-Wissen - Evolutionsgeschichtliche Aspekte des Umweltproblems, Zürich und Stuttgart 1994
Garton Ash, Timothy, Freie Welt - Europa, Amerika und die Chance der Krise, München, Wien 2004
Geißler, Heiner, Was würde Jesus heute sagen?, Berlin 2004
Gibson, Rowan, Rethinking the Future - So sehen Vordenker die Zukunft von Unternehmen, Landsberg/Lech 1997
Giersch, Herbert, Allgemeine Wirtschaftspolitik - Grundlagen, Wiesbaden 1960 (Klarheit über Zielkonflikte)
Gorbatschow, Michail, Die Rede - Wir brauchen die Demokratie wie die Luft zum Atmen, Hamburg 1988
Gu, Xuewu, Die große Mauer in den Köpfen - China, der Westen und die Suche nach Verständigung, Hamburg 2014
Guérot, Ulrike, Warum Europa eine Republik werden muss! Eine politische Utopie, Bonn 2016
Habermas, Jürgen, Zur Verfassung Europas, Berlin 2011

Heinrich Böll Stiftung (Hrsg.), Nachhaltig aus der Krise, Schriften zur Ökologie, Band 9, Berlin 2010
Heinrich Böll Stiftung (Hrsg.), Solidarität und Stärke - Zur Zukunft der Europäischen Union, Schriften zu Europa, Band 6, Berlin 2011 Internet: www.boell.de/zukunft-der-eu
Hessel, Stéphane, Empört Euch!, Berlin 2011
Hessel, Stéphane, Engagiert Euch!, Berlin 2011
Hessel, Stéphane, Morin, Edgar, Wege der Hoffnung, Berlin 2011
Homann, Karl, Was bringt die Wirtschaftsethik für die Ethik?, Abschiedsvorlesung Ludwig-Maximilians-Universität München 2008
Huber, Wolfgang, Ethik-Die Grundfragen unseres Lebens, München 2013
Huntington, Samuel P., Kampf der Kulturen, Neugestaltung der Weltpolitik im 21. Jahrhundert, München 1996
Jonas, Hans, Das Prinzip Verantwortung - Versuch einer Ethik für die technologische Zivilisation, Frankfurt/M 1979
Kabou, Axelle, Weder arm noch ohnmächtig - Eine Streitschrift gegen schwarze Eliten und weiße Helfer, Basel 1995
Kapuściński, Ryszard, Afrikanisches Fieber, Frankfurt/M 1998
Kapuściński, Ryszard, Sowjetische Streifzüge, Frankfurt/M 1993
Kenna, Joseph P., Aggregate Economic Analysis, New York 1969
Kennedy, Paul, The Rise and Fall of the Great Powers, Lexington 1988
Kennedy, Paul, In Vorbereitung auf das 21. Jahrhundert, Frankfurt/M 1993
Keppler, Erhard, Die Luft, in der wir leben - Physik der Atmosphäre, München, Zürich 1988
Kissinger, Henry A., Die sechs Säulen der Weltordnung, Berlin 1992
Kissinger, Henry A., Weltordnung, München o.J.
Kleber, Claus, Amerikas Kreuzzüge - Was die Weltmacht treibt, München 2005
Klein, Naomi, Die Entscheidung Kapitalismus vs. Klima, Frankfurt/M 2015
Knopp, Guido; **Schott, Harald**, Die Saat des Krieges, Hitlers Angriff auf Europa, München 2000
Knopp, Guido, Das Weltreich der Deutschen, Von kolonialen Träumen, Kriegen und Abenteuern, München 2011
Koesters, Paul-Heinz, Ökonomen verändern die Welt, Hamburg 1983
Krone-Schmalz, Gabriele, Russland verstehen, der Kampf um die Ukraine und die Arroganz des Westens, München 2015
Küng, Hans, Anständig wirtschaften - Warum Ökonomie Moral braucht, München 2012
Landes, David, Wohlstand und Armut der Nationen, München 2009
Lehmann, A.G., The European Heritage, An Outline of Western Culture, Oxford 1984

Lehndorff, Steffen (Hrsg.), Spaltende Integration - Der Triumpf gescheiterter Ideen in Europa - revisited, Zehn Länderstudien, Hamburg 2014
Lindenberg, Marc M., The human development race, San Francisco 1993
MacKay, David J.C., Sustainable Energy, Cambridge 2009; Available free online from: www.withouthotair.com (mit großem Quellenreichtum)
Menzel, Ulrich, Das Ende der dritten Welt, Frankfurt/M 1992
Nixon, Richard, So verlieren wir den Frieden, Der dritte Weltkrieg hat schon begonnen, Hamburg 1980
Rifkin, Jeremy, Der europäische Traum, Frankfurt/M 2006
Piketty, Thomas, Die Schlacht um den Euro, Interventionen, München 2015
Pinzler, Petra, Der UnFreihandel, die heimliche Herrschaft von Konzernen und Kanzleien, TTIP-TESA-CETA, Hamburg 2015
Plumpe, Werner, Wirtschaftskrise, Geschichte u. Gegenwart, München 2011
Porter, Michael E., The Competitive Advantage of Nations, London 1990
Scheer, Hermann, Der Energ*ethische* Imperativ, München 2010
Schmidt, Helmut, Die Deutschen und ihre Nachbarn, Berlin 1992
Schmidt, Helmut, Die Mächte der Zukunft, München 2004
Schmidt, Helmut, Globalisierung, Stuttgart 1998
Schmidt, Helmut, Mein Europa, Hamburg 2013
Schmidt, Helmut, Religion in der Verantwortung, Gefährdungen des Friedens im Zeitalter der Globalisierung, Berlin 2012
Schmidt, Susanne, Markt ohne Moral, München 2010
Scholl-Latour, Peter, Die Welt aus den Fugen - Betrachtungen zu den Wirren der Gegenwart, München 2014
Scholl-Latour, Peter, Russland im Zangengriff, Putins Imperium zwischen Nato, China und Islam, Berlin 2008
Schweitzer, Albert, Verfall und Wiederaufbau der Kultur, München 1953
Seitz, Volker, Afrika wird armregiert oder Wie man Afrika wirklich helfen kann, München 2009
Simms, Brendan, Kampf um Vorherrschaft, eine Geschichte Europas, 1453 bis heute, München 2016
Simms, Brendan; Zeeb, Benjamin, Europa am Abgrund, Plädoyer für die Vereinigten Staaten von Europa, München 2016
Smith, Adam, The Wealth of Nations Books 1-3, 1776 und London 1999
Smith, Laurence C., Die Welt im Jahre 2050, Die Zukunft unserer Zivilisation, München 2010
Specht, Olaf, Business Management/Unternehmensführung, München 2001
Steinmeier, Frank-Walter, Europa ist die Lösung – Churchills Vermächtnis, Wals 2016
Steingart, Gabor, Weltbeben, Leben im Zeitalter der Überforderung, München 2016

Steingart, Gabor, Weltkrieg um Wohlstand, München 2007
Stiftung Entwicklung und Frieden, Herausgeber: Diebel, Messner, Nuscheler, Roth, Ulbert, Globale Trends 2010, Frieden – Entwicklung – Umwelt, Frankfurt/M 2012
Stiftung Entwicklung und Frieden, Herausgeber: Diebel, Hippler, Roth, Ulbert, Globale Trends 2013, Frieden - Entwicklung – Umwelt, Frankfurt/M 2012 (?)
Stiglitz, Joseph, Die Chancen der Globalisierung, München 2008
Stiglitz, Joseph, Im freien Fall, Vom Versagen der Märkte zur Neuordnung der Weltwirtschaft, München, 2010
Stiglitz, Joseph, Europa spart sich kaputt, Warum die Krisenpolitik gescheitert ist und der Euro einen Neustart braucht, München 2016
Toqueville, Alexis de, Die Demokratie in Amerika, Frankfurt/M 1956
Weck, Roger de, Nach der Krise, Gibt es einen anderen Kapitalismus?, München 2009
Weidenfeld, Werner, Die Europäische Union, Akteure – Prozesse – Herausforderungen, München 2013
Weihe, Thomas; Rödinger, Horst, Edition Körber-Stiftung, Russland und der Westen, Chancen für eine Partnerschaft, Hamburg 2005
Weizsäcker, Richard von, Vier Zeiten, Erinnerungen, Berlin 1997
Wissenschaftlicher Beirat der Bundesregierung Globale Umweltveränderungen (WBGU), Sondergutachten Klimaschutz als Weltbürgerbewegung, Berlin 2014, Internet: www.wbgu.de; mit vielen Quellen
Wissenschaftlicher Beirat der Bundesregierung Globale Umweltveränderungen(WBGU),Sondergutachten,Kassensturz,Budgetansatz,Berlin 2009
Wissenschaftlicher Beirat der Bundesregierung Globale Umweltveränderungen (WBGU), Welt im Wandel, Energiewende zur Nachhaltigkeit. Zusammenfassung für Entscheidungsträger, Berlin 2003
WWF Deutschland, Living Planet Report 2010 - Biodiversität, Biokapazität und Entwicklung, Berlin 2010
www.Bertelsmann-Stiftung/Reformkompass Migration
www.un.sustainable.development.goals
www.wbgu.de/Sondergutachten/Klimaschutz als Weltbürgerbewegung
www.WWF Letzte Chance für den Emissionshandel
www.WWF Living-Planet Report 2014 /Kurzfassung
www.WWF Living-Planet Report 2016 /Kurzfassung
www.WWF Unsere Umwelt-Ressourcensicherung und Nachhaltigkeit
www.WWF Waldzustandsbericht
www.withouthotair.com (Fundgrube für eigene Initiativen)
Yunus, Muhammad, Für eine Welt ohne Armut, Bergisch Gladbach 2006

Dank

Ich danke meiner Frau, der Photographin Silke Specht, für ihren Beistand und das Einbandfoto der Namib, und Ernst-Otto Schuldt für freundschaftliche Unterstützung. Beide haben zum Gelingen dieses Buches wesentlich beigetragen.

Ich danke der Firma LichtBlick SE, der SPD, dem WBGU und dem Verlag Antje Kunstmann für ihre freundliche Genehmigung großer Zitate, deren Inhalte ich in diesem Zusammenhang für richtungsweisend halte.
Ich danke allen zitierten Autoren und den folgenden Verlagen, deren kleine Zitate ohne besondere Rückfrage und Genehmigung wichtige Aspekte zur Diskussion, Erkenntnis und Lösung der Herausforderungen von Klimawandel und Wirtschaftsordnung beitragen:
DTV
DVA
Der Spiegel
Edition Körber
Fischer
Heinrich Böll Stiftung
Piper; Propyläen
Siedler
UTB; VSA
Pantheon.
Die wörtlichen Zitate - alle aus veröffentlichten Quellen - halte ich wegen ihrer Prägnanz als Beitrag zur Lösung der globalen Aufgaben für geboten. Sie würdigen den zitierten Autor und werben für vertiefende Beschäftigung mit der Quelle. Sollte ein Inhaber von Urheberrechten ein Zitat in diesem - im Sinne des Gesetzgebers wissenschaftlichen - Kontext als nicht geboten beanstanden, dann werde ich das mit Bedauern akzeptieren und das beanstandete Zitat umgehend aus diesem Buch entfernen. Da dieses Buch von BoD jeweils auf Bestellung gedruckt wird, wäre eine solche Korrektur kurzfristig machbar und wirksam. – Ferner weise ich darauf hin, dass Zitate aus dem Internet dem Stand Dezember 2016 entsprechen und durch Weiterentwicklung im Zeitablauf ihre Rekonstruierbarkeit verlieren können.